Na klar! 2

MICHAEL SPENCER AND ALAN WESSON

SERIES EDITOR: CLIVE BELL

Direkt

CH00729272

Text © Michael Spencer and Alan Wesson 2005

Original illustrations © Nelson Thornes Ltd 2005

The right of Michael Spencer and Alan Wesson to be identified as authors of this work has been asserted by them in accordance with the Copyright, Designs and Patents Act 1988.

All rights reserved. No part of this publication may be reproduced or transmitted in any form or by any means, electronic or mechanical, including photocopy, recording or any information storage and retrieval system, without permission in writing from the publisher or under licence from the Copyright Licensing Agency Limited, of 90 Tottenham Court Road, London W1T 4LP.

Any person who commits any unauthorised act in relation to this publication may be liable to criminal prosecution and civil claims for damages.

Published in 2005 by:
Nelson Thornes Ltd
Delta Place
27 Bath Road
CHELTENHAM
GL53 7TH
United Kingdom

05 06 07 08 09 / 10 9 8 7 6 5 4 3 2 1

A catalogue record for this book is available from the British Library
ISBN 0 7487 9160-4

Illustrations by Gary Andrews, Mike Bastin, Mark Draisey, kja-artists.com, Angela Lumley, Mark Ruffle, Dave Russell, Mel Sharp (c/o Sylvie Poggio Artists Agency)

Page make-up by eMC Design, www.emcdesign.org.uk

Printed and bound in Croatia by Zrinski

Welcome to Na klar! 2 Direkt

- **Most pages have the following features to help you:**

Grammatik
Examples of how you put German words together to make sentences.

 Lauter Laute:
Practice of German sounds to improve your pronunciation and spelling.

A list of the key words and phrases you'll need to do the activities.

Strategie!
Tips to help you learn better and remember more.

Activities in which you'll listen to German.

Activities in which you'll practise speaking German with a partner.

Activities in which you'll practise reading and writing in German.

extra! Activities which provide an extra challenge – have a go!

- **The *Zusammenfassung* at the end of each unit lists the key words of the unit in German and English. Use it to look up any words you don't know!**

Mach's gut!

Inhalt Contents

Kapitel 1 Ich über mich
page 6

	Grammatik	Strategie!
• talk about what you do in your spare time • say what you like doing, prefer doing and like doing best of all • say what you did last weekend • understand a poem and write new verses	• the present tense • word order *(Wortstellung)* with time phrases • *(nicht) gern, lieber, am liebsten* • the perfect tense of regular verbs	• use picture clues to predict what you might hear

Kapitel 2 Kleidung
page 14

• talk about what you wear • talk about school uniform • give opinions • talk about what you did in town • express different reactions	• adjectives of colour and adjective endings • negatives • the perfect tense of irregular verbs	• build complicated sentences using connectives, phrases and clauses

Wiederholung (Kapitel 1–2) und Lesen *Revision (Units 1–2) and reading page*   **page 22**

Kapitel 3 Einkaufen und Essen
page 24

• make arrangements to meet • learn some places in the town • say where you are and where you're going • understand a menu and order a meal • find out what a dish consists of	• prepositions + dative case • *in* + accusative or dative case • *du, Sie* • word order: verb second	• use clues to work out meaning • understand a menu

Kapitel 4 Medien
page 32

• say what types of film you like and dislike • discuss going to the cinema • learn how to make excuses • say what you can(not) and must (not) do • say where you went • say what you thought of a film • understand film and book summaries	• modal verbs: *mögen, wollen, können, müssen, dürfen* • the perfect tense *(das Perfekt)* with *sein* • *dieser, diese, dieses* (this)	• use connectives to write continuous text • work out meanings from context

Wiederholung (Kapitel 3–4) und Lesen *Revision (Units 3–4) and reading page*   **page 40**

Kapitel 5 In der Gegend
page 42

• describe what there is in a town • give an opinion about where you live • say where you are going, when and how • say what kind of train ticket you want • learn some colloquial expressions	• *es gibt* • *fahren oder gehen?* • word order (time-manner-place) • the 24-hour clock • separable verbs	• colloquialisms • work out meanings from context when listening and reading

Kapitel 6 Unsere Umwelt
page 50

• talk about the weather • say what activities you do • talk about what you are going to do • pronounce the letters *v* and *w* • talk about the environment • understand an environmental poster • learn about environmental issues	• *wenn* • the future tense • negatives	• say and write more • work out meanings of longer words

Wiederholung (Kapitel 5–6) und Lesen *Revision (Units 5–6) and reading page*   **page 58**

Kapitel 7 Gesundheit!
page 60

• ask what's wrong and say what hurts • express sympathy • talk about healthy eating and lifestyle • learn how to understand and give opinions • say how often • learn how to follow a discussion	• *weh tun* • *gern, lieber, am liebsten* • comparing • *um ... zu ...*	• dictionary skills • work out meaning

Kapitel 8 Austauscherlebnis   page 68

	Grammatik	Strategie!
• describe a journey and say what it was like • find out about typical German meals • know what to say at mealtimes • talk about buying presents • learn how to report what people said	• the perfect tense • perfect tense of separable verbs and verbs starting with *ver-* • imperatives • *meinen, sagen, denken + dass*	• change *der* to *den* in the accusative case • use *ist* and *sind* for 'is' and 'are' • use a bilingual dictionary

Wiederholung (Kapitel 7–8) und Lesen *Revision (Units 7–8) and reading page*   page 76

Kapitel 9 Ich und andere   page 78

• describe people's personalities • discuss their good and bad qualities using a range of adjectives • say what you are allowed to do at home • talk about school rules • understand problem page letters • talk about the qualities of an ideal friend	• *sein* (to be) • modal verbs: *müssen, dürfen, wollen, können, mögen* • the imperfect tense of *müssen* and *dürfen* • possessives	• use word order to alter emphasis

Kapitel 10 Arbeit, Arbeit, Arbeit!   page 86

• discuss pocket money and say what you spend money on • talk and give opinions about part-time jobs • talk about jobs and future careers • talk about daily routine • give a short presentation	• indirect object pronouns (dative) • the future tense • *Endungen* • *ich möchte* + infinitive • reflexive verbs	• get clues about meaning from words which change according to case or gender • work out meaning using near-cognates and context

Wiederholung (Kapitel 9–10) und Lesen *Revision (Units 9–10) and reading page*   page 94

Kapitel 11 Los geht's!   page 96

• talk about what you would like to do • understand and write a formal letter • ask about hotel accommodation • find out about campsite facilities and ask where things are • understand information about a hotel	• the conditional • question words	• use the question in your answer • read texts with unknown vocabulary

Kapitel 12 Überall Touristen   page 104

• talk about holiday destinations and activities • describe a holiday in the past • give opinions about something in the past • describe disastrous holiday experiences • use time phrases • find out about other German-speaking regions and prepare a presentation	• present and future tenses • past tenses • word order	• listen for how people feel • use colourful expressions • prepare a presentation

Wiederholung (Kapitel 11–12) und Lesen *Revision (Units 11–12) and reading page*   page 112

Noch etwas!/Xtra!   page 114
Additional reading and writing exercises for Units 1–12

Grammatik   page 138

Wortschatz
German–English glossary, where you can find out what German words mean   page 149
English–German glossary, where you can find out how to say words in German   page 156

Common instructions in *Na klar!*   page 158

1 Ich über mich

1A Was machst du?

- talk about what I do in my spare time
- learn how to use the present tense of verbs
- learn correct word order with time expressions

a *Katja*

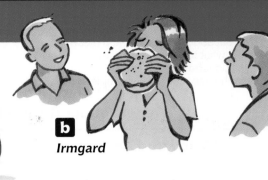
b *Irmgard*

1 💿 **Hör zu (1–8) und ordne die Bilder zu!**

Beispiel: **1 e**

e *Elke*

f *Frank*

c *Julia*

d *Dennis*

2 💿 **Hör noch einmal zu! Wer sagt das?**

Beispiel: **1 Dennis**

g *Sven*

1 Ich sehe fern.

2 Ich spiele Fußball.

3 Ich kaufe Bonbons.

4 Ich mache Judo.

5 Ich esse einen Hamburger mit meinen Freunden.

6 Ich trinke ein Glas Cola mit meinen Freundinnen.

7 Ich fahre Rad.

8 Ich höre Musik.

h *Greta*

3 a 💬 **Was macht ihr in eurer Freizeit? Macht Dialoge!**

Beispiel: **A Was machst du in deiner Freizeit?**
B Ich sehe fern. Und du?
A Ich …

3 b 💬 extra! **Macht jetzt weitere Dialoge zu zweit! Erwähnt jedes Mal zwei oder drei Hobbys!**

Beispiel: **Ich sehe fern, ich kaufe CDs und ich spiele Fußball. Und du?**

Grammatik: the present tense

You use the present tense to say what you do or are doing. The endings on the verb change like this:

spielen – to play
ich (spiel)e
du (spiel)st
er/sie/es (spiel)t

Some verbs change the first vowel when you use *du* (you) or *er/sie/es* (he/she/it).

fahren – to travel   *essen* – to eat
ich fahre   *ich esse*
du fährst   *du isst*
er/sie/es fährt   *er/sie/es isst*

siehe Seite **143** ➤➤

4 ✏ **Wie oft? Hör zu (1–6) und ordne die Kästchen zu!**

Beispiel: **1 c**

1 Jeden Tag …
2 Jeden Morgen …
3 Jeden Abend …
4 In meiner Freizeit …
5 Jedes Wochenende …
6 Ab und zu …

a … höre ich Musik.
b … fahre ich Rad.
c … kaufe ich Bonbons.
d … spiele ich Fußball.
e … sehe ich fern.
f … trinke ich ein Glas Cola.

Useful time expressions

jeden Tag	*every day*
jeden Morgen	*every morning*
jeden Abend	*every evening*
in meiner Freizeit	*in my free time*
jedes Wochenende	*every weekend*
ab und zu	*now and then*

Grammatik: word order (*Wortstellung*)

If there is another word or group of words at the beginning of the sentence, the **pronoun** (e.g. *ich*) and the **verb** (e.g. *spiele*) must change places. The verb must always be the second idea in the sentence:

1st idea	2nd idea	3rd idea	⟶	1st idea	2nd idea	3rd idea	4th idea
Ich	*spiele*	*Fußball.*		*Jeden Abend*	*spiele*	*ich*	*Fußball.*
1st idea	2nd idea	3rd idea	⟶	1st idea	2nd idea	3rd idea	4th idea
Ich	*sehe*	*fern.*		*Ab und zu*	*sehe*	*ich*	*fern.*

siehe Seite **146** ➤➤

5 ✏ **Vervollständige die Sätze!**

Beispiel: **Jeden Tag** _spiele_ **ich Fußball.**

1 Jeden Tag _____ ich Fußball.
2 Jeden Morgen esse _____ einen Hamburger.
3 Ab und zu kaufe _____ Bonbons.
4 Jeden Abend _____ ich fern.
5 Jedes Wochenende _____ _____ Rad.

6 ✏ **Und du? Wie oft machst du das? Schreib drei oder vier Sätze!**

Beispiel: **Ab und zu spiele ich Fußball.**

7 📖 **Lies die E-Mail und die Sätze unten! Richtig, falsch oder nicht im Text?**

Beispiel: **1 richtig**

1 Jedes Wochenende spielt Arno Fußball.
2 Jeden Morgen hört er Musik.
3 Jeden Tag kauft Arno Bonbons.
4 Ab und zu sieht Arno fern.
5 Jeden Abend macht Arno Judo.
6 In den Ferien fährt Arno Rad.

An:	Tom Ford
Von:	Arno Benz
Betr.:	meine Freizeit

Hi, Tom!

Was machst du in deiner Freizeit? Ich habe viele Hobbys! Jedes Wochenende spiele ich Fußball und jeden Abend höre ich Musik. Ich sehe auch jeden Tag fern und ab und zu mache ich Judo. In den Ferien fahre ich Rad, aber im Moment ist mein Rad kaputt! Und du? Was machst du? Schreib mir eine E-Mail!

Dein Arno

1B Ich mache nicht gern Hausaufgaben!

- say what you like doing, prefer doing and like doing best of all
- learn how to use *gern, lieber* and *am liebsten*
- learn more about correct word order

Peter *Anke* *Horst* *Meike*

1 🔘 Hör zu! Wer sagt was?

Beispiel: Peter – e,...

 a

 b

 c

 d

 e

 f

 g

 h

Was machst du	gern?	Ich (spiele) gern (Gitarre).
	lieber?	Ich (kaufe) gern (Computerspiele).
	am liebsten?	Ich (fahre) lieber (Rollschuh).
	nicht gern?	Ich (gehe) lieber (ins Kino).
		Ich (höre) am liebsten (R&B).
		Ich (esse) nicht gern (Fast-Food).

Strategie! *Picture clues*

Pictures often give you clues about what to expect when you listen to a recording. Try using them to predict what you might hear.

2 🔘 Hör noch einmal zu und schreib für jedes Bild ☺ (gern), ☺ ☺ (lieber), ☺ ☺ ☺ (am liebsten) oder ☹ (nicht gern)!

Beispiel: Peter – e ☺

3 📖 Was passt zusammen?

Beispiel: 1 h

1 Ich gehe nicht   a   Techno.
2 Ich kaufe am   b   gern CDs.
3 Ich spiele   c   liebsten Fast-Food.
4 Ich höre lieber   d   lieber fern.
5 Ich fahre gern   e   liebsten Computerspiele.
6 Ich sehe   f   nicht gern Fußball.
7 Ich esse am   g   Rollschuh.
8 Ich kaufe   h   gern ins Kino.

Grammatik: *(nicht) gern, lieber, am liebsten*

To say you like, don't like or prefer doing something, use *gern, nicht gern, lieber* and *am liebsten*. These words go **straight after** the verb.

Was machst du gern?	What do you like doing?
Ich höre (nicht) gern Techno.	I (don't) like listening to techno.
Ich fahre lieber Rollschuh.	I prefer roller-skating.
Ich spiele am liebsten Gitarre.	I like playing the guitar best of all.

siehe Seite **145** ►►

4 📖 **Lies die Texte und schreib die Buchstaben in die richtige Spalte der Tabelle!**

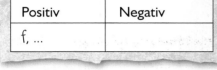

Positiv	Negativ
f, ...	

> Hi. Ich heiße Johann. Ich sehe sehr gern abends fern und am Wochenende fahre ich gern Rollschuh. Ich spiele gern Gitarre, aber ich gehe am liebsten mit meinen Freunden ins Kino. Ich mache nicht gern meine Hausaufgaben!

a  **b**  **c**

d  **e**

> Mein Name ist Julia. Ich habe viele Hobbys – ich höre gern R&B und ich kaufe gern CDs. Aber ich esse nicht gern Fast-Food. Am liebsten gehe ich samstags mit meinen Freundinnen in die Stadt und kaufe Computerspiele!

f  **g**

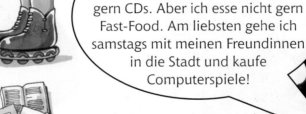

h  **i**

5 💬 **Was macht ihr gern, nicht gern, usw.? Benutzt die Sätze unten und macht Dialoge!**

Beispiel: **A** Was machst du gern?
B Ich spiele gern Gitarre, aber ich höre lieber R&B. Am liebsten …
A Und was machst du nicht gern?
B …

6 ✏️ **Was machst du (nicht) gern/lieber/am liebsten? Schreib etwa 30–40 Wörter zu diesem Thema!**

Beispiel: Ich spiele gern Fußball, aber ich spiele lieber Tennis. Am liebsten höre ich …

7 ✏️ extra! **Wann machst du das? Oder wie oft? Schreib noch ein paar Sätze!**

Beispiel: Am Wochenende spiele ich gern Rugby …

- say what you did last weekend
- learn how to use the perfect tense of some regular verbs
- learn more time expressions

1 💿 Umfrage: „Was hast du letztes Wochenende gemacht?" Hör zu! Wer ist das?

Beispiel: **1 Frauke**

Sven

Yilmaz

Arno

Frauke

Ich habe R&B gehört und ich habe Judo gemacht.

Ich habe Volleyball gespielt und ich habe meine Hausaufgaben gemacht.

Ich habe am Computer gespielt und ich habe ein T-Shirt gekauft.

Ich habe ein Buch gekauft und ich habe Techno gehört.

2 📖 Was passt zusammen?

Beispiel: **1 e**

1 Ich habe meine	**a** gespielt.
2 Ich habe Volleyball	**b** gemacht.
3 Ich habe	**c** gehört.
4 Ich habe ein Buch	**d** gekauft.
5 Ich habe Musik	**e** Hausaufgaben gemacht.
6 Ich habe Judo	**f** Fußball gespielt.

Grammatik: the perfect tense

To say what you did or have done in German, you use *ich habe* and the past participle of a verb. Many past participles begin with *ge-* and end in *-t* (e.g. *gespielt, gehört*). The past participle goes at the end of the sentence.

Ich habe	*Fußball*	*gespielt.*
Ich habe	*Musik*	*gehört.*
Ich habe	*Schokolade*	*gekauft.*
Ich habe	*Judo*	*gemacht.*

siehe Seite **144** ➤➤

3 a 📖 Was passt zusammen?

Beispiel: 1 f

1 *last weekend*	4 *last week*
2 *this morning*	5 *on Saturday*
3 *on Sunday*	6 *yesterday evening*

a letzte Woche
b am Samstag
c gestern Abend
d am Sonntag
e heute Morgen
f letztes Wochenende

3 b 💿 Wann war das? Hör zu (1–6) und wähl für jede Person *a*, *b*, *c* usw. aus Übung 3a!

Beispiel: Ute – f

1 Ute
2 Kai
3 Miriam
4 Rolf
5 Walter
6 Ilse

4 ✏️ Schreib Sätze! Du bist Miriam, Rolf usw. Sag, was du gemacht hast und wann!

Beispiel: Ute: Letztes Wochenende habe ich Bonbons gekauft.

5 💬 Was habt ihr gemacht? Macht Interviews und benutzt die Bilder aus Übung 3b!

Beispiel: A Was hast du am Wochenende gemacht?
B Ich habe Fußball gespielt.

6 🗣💬 Lauter Laute: o, ö

Can you remember the difference between **o** *and* **ö**? *This will help you!*

● Hör zu und sprich nach!
Götz hört gern Rockmusik, aber Rolf hört lieber Techno.

Grammatik: *Wortstellung* ♻️

Don't forget that when you put another word or group of words at the beginning of a sentence or clause, the **pronoun** and the **verb** must change places, so the verb is always the second idea.

1st idea	2nd idea	3rd idea	4th idea	
Ich	*habe*	*Musik*	*gehört.*	→

1st idea	2nd idea	3rd idea	4th idea	5th idea
Gestern Abend	*habe*	*ich*	*Musik*	*gehört.*

siehe Seite **7, 146** ➤➤

1D Ich habe Schokolade gekauft

- understand a poem
- write new verses of a poem

1 a 🎵 Hör zu und wiederhole das Gedicht!

1 b 🎵 📖 Lies das Gedicht noch einmal und sieh dir die Wörter an! Wie oft kommen diese Wörter vor?

Beispiel: Schokolade – viermal

- Schokolade
- Katzen
- meine
- hier
- Fußball
- Tennis
- Volleyball
- habe
- so
- Jazz
- Rockmusik
- gekauft

1 c ✏️ Kannst du das Gedicht weiterschreiben? Die Beispiele unten können dir helfen.

Beispiel:
ein großes Eis/viele Kuchen
Ping-Pong/Handball
Hip-Hop/Reggae

2 💬 Lest eure Gedichte vor!

Ich habe Schokolade
gekauft,
Das war so, so toll!
Und ich habe Bonbons
gekauft,
Das war so, so toll!
Bonbons hier, Bonbons da,
Bonbons überall!
Schokolade hier,
Schokolade da,
Schokolade überall!

Ich habe Fußball
gespielt,
Das war so, so toll!
Und ich habe Volleyball
gespielt,
Das war so, so toll!
Fußball hier, Fußball da,
Fußball überall!
Volleyball hier, Volleyball da,
Volleyball überall!

Ich habe meine CDs
gehört,
Das war so, so toll!
Und so viel Rockmusik
gehört,
Das war so, so toll!
CDs hier, CDs da,
CDs überall!
Rockmusik hier,
Rockmusik da,
Rockmusik überall!

Freizeit

Ich …
- fahre Rad.
- esse (einen Hamburger).
- trinke (Cola).
- sehe fern.
- spiele (Fußball).
- höre (Musik).
- kaufe (Bonbons).
- mache (Judo).

Free time

I …
- *go cycling.*
- *eat (a hamburger).*
- *drink (cola).*
- *watch TV.*
- *play (football).*
- *listen to (music).*
- *buy (sweets).*
- *do (judo).*

Was ich (nicht) gern mache

- Ich (spiele) gern (Gitarre).
- Ich (kaufe) gern (Computerspiele).
- Ich (höre) lieber (R&B).
- Ich (fahre) am liebsten (Rollschuh).

What I like (don't like) doing

- *I like (playing the guitar).*
- *I like (buying computer games).*
- *I prefer (listening to R&B).*
- *I like (roller skating) most of all.*

Wie oft? Wann?

jeden Tag
jeden Morgen
jeden Abend
in meiner Freizeit
jedes Wochenende
ab und zu

How often? When?

every day
every morning
every evening
in my free time
every weekend
now and then

Letztes Wochenende

Ich habe …
- (Bonbons) gekauft.
- (Fußball) gespielt.
- (Musik) gehört.
- (meine Hausaufgaben) gemacht.

Last weekend

I …
- *bought (sweets).*
- *played (football).*
- *listened to (music).*
- *did (my homework).*

Grammatik:

★ To say what you like doing, prefer doing, or like doing best, you use *gern, lieber* or *am liebsten*.

*Ich spiele **gern** Fußball.*	I like playing football.
*Ich sehe **lieber** fern.*	I prefer watching TV.
*Ich lese **am liebsten**.*	I like reading best of all.

★ To say what you have done in German, use *ich habe* with the **past participle** of the verb you want. The past participle begins with *ge-* and goes at the end of the clause or sentence.

Ich habe … (gespielt)
Ich habe … (gekauft)
Ich habe … (gehört)

★ The verb must always be the second idea in a sentence:

*Ab und zu **spiele** ich Tennis.*
*Letztes Wochenende **habe** ich CDs gekauft.*

siehe Seite **144–146** ➤➤

Strategie!

★ Use pictures to predict what you are going to hear.

gern *like* • **lieber** *prefer* • **am liebsten** *best of all* • **essen** *to eat* • **fahren** *to go (by car, etc.)* • **gehen** *to go (on foot)* • **haben** *to have* • **hören** *to hear* • **kaufen** *to buy* • **machen** *to do* • **sehen** *to see* • **spielen** *to play* • **trinken** *to drink*

 Lauter Laute: o, ö

2 Kleidung
2A Was trägst du?

- talk about what you wear
- use adjectives of colour
- use correct adjective endings

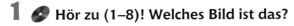

c Dani

d Aysun

1 🔊 Hör zu (1–8)! Welches Bild ist das?

Beispiel: **1 c**

a Martha

b Thomas

h Julia

g Nina

2 📖 Die Teenager beschreiben ihre Kleidung aus Übung 1. Richtig oder falsch?

Beispiel: **1 falsch**

1 Ich trage ein braunes T-Shirt und grüne Shorts.

2 Ich trage ein grünes Sweatshirt und eine rote Mütze.

4 Ich trage ein schwarzes Kleid und weiße Schuhe.

6 Ich trage ein rotes Polohemd und einen gelben Rock.

8 Ich trage eine blaue Jeans und weiße Sportschuhe.

3 Ich trage ein weißes Hemd und einen blauen Pulli.

5 Ich trage einen blauen Trainingsanzug und weiße Socken.

7 Ich trage eine blaue Hose und ein grünes Polohemd.

Thomas

Aysun

Dani

Julia

Türkan

Martha

Bodo

Nina

Türkan

e

f

Bodo

3 📖 **Wähl das richtige Wort! Vorsicht! Ist das im Maskulinum, Femininum, Neutrum oder Plural? Sieh dir die Tabelle unten an!**

Beispiel: **1 blauen**

1 Ich trage einen **blauen / blaue / blaues** Pulli.

2 Ich trage ein **roten / rote / rotes** Sweatshirt.

3 Trägst du eine **weißen / weiße / weißes** Hose heute Abend?

4 Ich trage keine **weißen / weiße / weißes** Socken!

5 Im Jugendklub trage ich **schwarzen / schwarze / schwarzes** Sportschuhe, eine **blauen / blaue / blaues** Jeans und ein **grünen / grüne / grünes** T-Shirt.

6 extra! Ich habe eine **neuen / neue / neues** Mütze und einen **tollen / tolle / tolles** Trainingsanzug.

Was trägst du?				
Ich trage	einen Pulli.	eine Hose.	ein Hemd/Polohemd.	Schuhe/Sportschuhe.
	einen Rock.	eine Jeans.	ein Kleid.	Shorts.
	einen Trainingsanzug.	eine Mütze.	ein Sweatshirt/T-Shirt.	Socken.

Grammatik: adjectives

● Adjectives describe things, such as their colour, size, quality, etc.

● When you use an adjective before a noun, it needs a certain ending.

● These endings are not all the same. Why do you think they are different?

● Here are the endings you use with *ein* (meaning 'a') in sentences like *Ich trage einen blauen Pulli.*

	masculine	feminine	neuter
Ich trage	einen blau**en** Pulli.	eine rot**e** Hose.	ein grün**es** Hemd.

● *mein* (my), *dein* (your) and *kein* (no/not a) work in the same way as *ein* and have the same adjective endings.

● Plurals:
  – the adjective usually ends in *-en*;
  – if you have just an adjective and a noun, the adjective ends in *-e*.

plural
*keine gelb**en** Socken*
*gelb**e** Socken*

Look at the texts on page 14. How many phrases can you find with adjectives? Make a list.

Beispiel: *ein braunes T-Shirt*

siehe Seite **141** ▶▶

4 💿 **Hör zu! Was tragen sie zur Party? Mach Notizen auf Englisch!**

Beispiel: **a red skirt, …**

5 💬 **Macht einen ähnlichen Dialog!**

Beispiel: **A Was trägst du zur Party?**
B Ich trage einen/eine/ein … und …
Und du? Was trägst du?
A Ich trage …
B Sehr schön!

6 ✏️ **Was trägst du in den folgenden Situationen? Schreib Sätze!**

1 Du gehst auf eine Party.

2 Du gehst zum Sportzentrum.

3 Du gehst zum Jugendklub.

Beispiel: **Zur Party trage ich …**

2B Schuluniform

- talk about school uniform
- give opinions
- learn how to use some negatives

1 💿 📖 **Hör zu (1–3) und lies mit!**

1

Hallo, Jens-Peter!

Was trägst du in der Schule? Ich muss eine Schuluniform tragen. Ich trage ein weißes Hemd, eine blau-weiße Krawatte, einen dunkelblauen Pulli, eine schwarze Hose und schwarze Schuhe (aber keine Sportschuhe). Ich mag die Krawatte nicht.

Dein Kieran

2

Hi, Anna!

Meine Schuluniform ist furchtbar. Ich trage eine gelbe Bluse, eine rote Krawatte, eine braune Jacke und einen grauen Rock, aber keine Hose. Und ich muss einen Hut tragen! Das ist blöd!

Wie findest du meine Schuluniform?

Deine Charlotte

3

Hallo, Florian!

Für Sport trage ich ein weißes Polohemd, ein graues Sweatshirt, dunkelblaue Shorts, Socken und Sportschuhe. Das finde ich gut.

Was trägst du?

Dein Sam

2 📖 **Lies die E-Mails und sieh dir die Bilder unten an! Welche drei Bilder sind Kieran, Charlotte und Sam?**

Beispiel: Kieran – a? b? c? ...

a **b** **c** **d** **e**

3 ✏️ **Katie schreibt eine E-Mail! Was sagt sie?**

Beispiel: Ich trage eine schwarze Jacke, ein blaues ..., eine blau-gelbe ..., einen ... Rock und schwarze ... . Das finde ich ...!

4 💿 **Hör zu (1–4)! Diese Teenager diskutieren Schuluniformen. Ist das positiv oder negativ?**

Beispiel: **1** positiv

5  Was passt zusammen?

Beispiel: 1 b

1 Ich trage nie Sportschuhe.
2 Ich trage keinen braunen Pulli.
3 Ich mag deine Jacke nicht.
4 Ich mag Krawatten nicht.
5 Magst du mein Hemd nicht?

a *I don't like your jacket.*
b *I never wear trainers.*
c *Don't you like my shirt?*
d *I don't like ties.*
e *I'm not wearing a brown jumper.*

6 Wie findest du das? Macht Dialoge!

Beispiel: A Wie findest du meinen braunen Pulli?
B Ich mag deinen braunen Pulli nicht.
Wie findest du meine rot-blaue Krawatte?
A Ich finde das langweilig. Ich mag Krawatten nicht.

Grammatik: negatives

There are different ways of making sentences negative:

- use *kein* (not a, no) instead of *ein*

  Ich trage eine ⟶ *Ich trage keine*
  Schuluniform. *Schuluniform.*

  I wear a uniform. ⟶ I **don't** wear **a** uniform.

- add *nicht* (not)

  Ich mag deinen Hut. ⟶ *Ich mag deinen Hut nicht.*

  I like your hat. ⟶ I **do not** like your hat.

- use *nie* (never)

  Ich trage weiße ⟶ *Ich trage nie*
  Socken. *weiße Socken.*

  I wear white socks. ⟶ I **never** wear white socks.

siehe Seite **145** ≫

Was trägst du in der Schule?	
Ich trage … /Du trägst …	einen Hut. eine (dunkelblaue) Jacke. eine (blau-weiße) Krawatte.
Wie findest du …?	Ich finde das … toll/(nicht) gut/(total) blöd/ furchtbar/langweilig/praktisch.
Ich mag … (nicht). Ich trage nie … .	

7 a  Und du? Was trägst *du* in der Schule? Wie findest du das? Schreib Sätze!

Beispiel: Ich trage einen blauen Pulli und eine graue Hose. Ich finde das furchtbar!
Für Sport trage ich …

7 b *extra!* Was trägst du *nicht* in der Schule?

Beispiel: In der Schule trage ich keine Jeans, …

2C Was hast du gefunden?

- talk about what you did in town
- use the perfect tense of irregular verbs
- express different reactions

Steffi, was hast du in der Stadt gemacht?

Ich habe einen Pulli gekauft.

Hmm … nicht schlecht.

Ich habe eine schöne Hose gesehen, aber sie hat zu viel gekostet.

Schade!

1 💿 Hör zu und lies mit!

2 📖 Sieh dir die Bildgeschichte an und finde acht Verben im Perfekt! Mach eine Liste!

Beispiel: **Was hast du … gemacht?**

3 💬 Seht euch die Bilder und die Wörter an und macht Dialoge!

Beispiel: **A Was hast du in der Stadt gemacht?**
B Ich habe …
A Was hast du dann gemacht?
B Ich habe …
    Dann habe ich …
    Und du? Was hast du in der Stadt gemacht?
A Ich habe …

◀ **Grammatik: perfect tense (irregular verbs)**

- In the perfect tense, the past participles of regular verbs have *ge-* at the beginning and end in *-t*.
  *Ich habe das **ge**kauf**t**. Was hast du **ge**mach**t**?*
- What is slightly different about this verb?
  *Das hat zu viel **gekostet**.*
- Some verbs are irregular:
  – they begin with *ge-* but end with *-en*
    *Ich habe einen Film **ge**seh**en**.*
    *Ich habe eine Tasche **ge**trag**en**.*
  – many of them make changes to the middle vowel, too
    *f**i**nden – ich habe … gef**u**nden*
    *tr**i**nken – ich habe … getr**u**nken*
    essen – ich habe … gegessen   siehe Seite **144** ➤➤

A

gekauft

gegessen, getrunken

gesehen, nicht gekauft

B

gesehen, nicht gekauft

gegessen, getrunken

gefunden

4 🗣️💬 **Lauter Laute:** *reactions and tone of voice*

● Hör zu und sprich nach!

Schade!
Furchtbar!

Hmm ... nicht
schlecht.

Toll!
Cool!

5 💬 **Was hast *du* in der Stadt (nicht) gemacht? Wie findet das dein(e) Partner(in)? Macht Dialoge!**

Beispiel: **A** Ich habe in der Stadt eine CD von Abba gekauft.
B Furchtbar! Ich mag Abba nicht!
A Ich habe keine Pizza gegessen, aber ich habe ...

6 🖊️ **Was hast du in der Stadt gemacht? Schreib Sätze!**

Beispiel: In der Stadt habe ich eine Pizza gekauft ...

Was hast du gemacht?	
Ich habe ...	gekauft/gesehen/getragen.
	gefunden/getrunken/gegessen.

2D Na und?

- build up complicated sentences
- use connectives, phrases and clauses

1 ✏️ Mach einen Satz aus vielen Sätzen!

Beispiel: **Mein Pulli ist neu. Mein Pulli ist rot. =
Mein neuer Pulli ist rot.
Ich mag meinen Pulli. Der Pulli ist warm.
= Ich mag meinen Pulli, weil er warm
ist.**

1 In der Schule trage ich einen Pulli. Der Pulli
ist grau. Ich trage auch eine Hose. Sie ist
schwarz.

2 Ich habe eine Hose gesehen. Die Hose ist
schön. Ich habe die Hose nicht gekauft. Sie
hat zu viel gekostet.

3 Ich gehe in die Stadt. Ich esse eine Pizza. Ich
trinke keine Limo.

4 Ich habe 20 Euro gefunden. Ich kaufe eine
CD. Ich kaufe vielleicht ein Buch.

5 Ich gehe in die Stadt. Ich kaufe eine neue
Jacke. Ich kaufe keine Hose. Ich habe nicht
viel Geld.

2 💬 Das Langer-Satz-Spiel. *In turns, keep adding a word or phrase to a sentence until you can't make it any longer.*

Beispiel: **A Ich gehe in die Stadt.**
**B Ich gehe in die Stadt und ich kaufe
einen Pulli.**
**A Ich gehe in die Stadt und ich kaufe
einen roten Pulli.**
**B Ich gehe in die Stadt und ich kaufe
einen roten Pulli, aber ich kaufe keine
Mütze.**
**A Am Samstag gehe ich in die Stadt und
ich kaufe einen roten Pulli, aber ich
kaufe keine Mütze. (usw.)**

3 ✏️ Schreib lange Sätze!

Beispiel: **In der Stadt habe ich eine schwarze
Hose gekauft, aber …**

Strategie! *Building complicated sentences*

Make your written and spoken German much more
interesting by using and adapting language you
have learnt. You can soon build up more
complicated sentences.

Join sentences and clauses using connectives:

- *und* (and) ⎫
- *oder* (or) ⎬ just include these without
- *aber* (but) ⎭ changing the word order

- *weil* (because)   sends the verb to the end
  (e.g. *Ich mag Krawatten nicht. Sie sind blöd.*
  ⟶ *Ich mag Krawatten nicht, **weil** sie blöd
  sind.*)

Add extra words:

- use adjectives such as colours (*blau, grün, rot,
  schwarz-weiß …*)
  (e.g. *Ich trage eine Krawatte und einen Pulli.*
  ⟶ *Ich trage eine **rot-weiße** Krawatte und
  einen **dunkelblauen** Pulli.*)

Avoid repetition:

- use different word order (for emphasis, for
  variety …)
  (e.g. *Ich kaufe eine Hose in der Stadt …/In der
  Stadt kaufe ich eine Hose …*)

Am Samstag gehe ich in die Stadt und ich kaufe einen roten Pulli, aber ich kaufe keine Mütze

Kleidung	Clothes
der Hut	hat
der Pulli	jumper
der Rock	skirt
der Trainingsanzug	tracksuit
die Hose	(pair of) trousers
die Jacke	jacket/blazer
die Jeans	(pair of) jeans
die Mütze	cap
die Schuluniform	school uniform
das Hemd	shirt
das Kleid	dress
das Polohemd	polo shirt
das Sweatshirt	sweatshirt
das T-Shirt	t-shirt
die Shorts (pl)	shorts
die Schuhe (pl)	shoes
die Socken (pl)	socks
die Sportschuhe (pl)	trainers

Wie findest du …? / What do you think of …?

Ich finde Krawatten toll.	I think ties are great.
Was trägst du (nicht) gern?	What do you (not) like wearing?
Ich trage … (nicht) gern.	I do (not) like wearing … .
Was magst du (nicht)?	What do(n't) you like?
Ich mag … (nicht).	I (don't) like … .
praktisch	practical
bequem	comfortable
langweilig	boring
(total) blöd	(absolutely) stupid
furchtbar	terrible
(nicht) cool	(not) cool

Was hast du gemacht? / What did you do?

Ich habe ein Hemd gekauft.	I bought a shirt.
Ich habe eine Hose gesehen.	I saw a pair of trousers.
Ich habe einen Pulli getragen.	I wore a jumper.
Ich habe 20 € gefunden.	I found 20 euros.
Ich habe eine Limo getrunken.	I drank a lemonade.
Ich habe Pizza gegessen.	I ate pizza.
Es hat zu viel gekostet.	It cost too much.

Grammatik:

★ Perfect tense (irregular verbs):
- In the perfect tense, regular verbs form the past participle with ge…t.
- Some verbs form the past participle with ge…en.
  Many of them make changes to the middle vowel, too:

finden	ich habe … gefunden
trinken	ich habe … getrunken
essen	ich habe … gegessen

★ Adjectival endings: use these endings with ein, kein, mein, dein.

	masculine	feminine	neuter	plural
accusative	einen blauen Pulli	eine rote Hose	ein grünes Hemd	keine gelben Socken
just adjective + noun:				gelbe Socken

★ Negatives: there are different ways of making sentences negative.
- Use kein (not a, no) instead of ein.
- Add nicht (not) or nie (never).

siehe Seite **141, 144, 145** ➤➤

Strategie!

★ Build complex sentences, using connectives, adjectives, etc.

und and • **oder** or • **aber** but • **weil** because
kein not a, no • **nicht** not • **nichts** nothing • **nie** never

 Lauter Laute: *reactions and tone of voice*

Schade!	Hmm … nicht	Cool!
Furchtbar!	schlecht.	Toll!

Wiederholung

Kapitel 1 (Probleme? Siehe Seite 6–9)

1 Was passt zusammen?

Beispiel: **1 d**

1 Jeden Tag höre   **a** kaufe ich Bonbons.
2 Jeden   **b** ich fern.
3 Jeden Abend   **c** ich ein Glas Cola.
4 In meiner   **d** ich Musik.
5 Jedes Wochenende sehe   **e** Freizeit spiele ich Fußball.
6 Ab und zu trinke   **f** Morgen fahre ich Rad.

2 Was machst du (nicht) gern in deiner Freizeit? Schreib Sätze!

Beispiel: **1 Ich spiele gern Gitarre.**

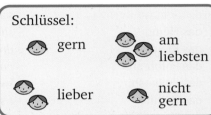

Schlüssel:
gern
am liebsten
lieber
nicht gern

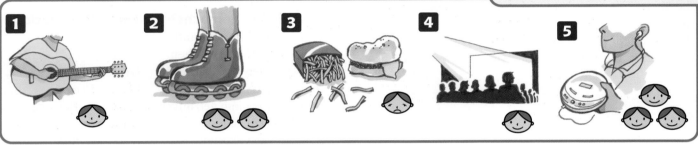

Kapitel 2 (Probleme? Siehe Seite 14–15, 18–19)

3 Susi geht auf eine Party. Was trägt sie? Schreib die richtigen Buchstaben auf!

Beispiel: **d, …**

> Was trage ich denn?
> Ich mag mein weißes Kleid nicht und ich möchte keine Hose tragen. Also, eine Jeans oder einen Rock? Ich trage meinen blauen Rock und mein schwarzes T-Shirt. Und eine Jacke … oder ein Sweatshirt? … Nein, kein Sweatshirt – ich trage meine graue Jacke. So, und jetzt ziehe ich meine roten Schuhe an. Fertig!

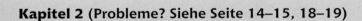

4 Was hast du in der Stadt gemacht? Schreib Sätze!

Beispiel: **1 Ich habe eine Hose gekauft.**

Schuluniform, ja oder nein?

Strategie!

Look at the activity. Do you need to understand every word in the texts to do it?

Ich trage keine Uniform und das ist gut so! Ich mag meine Jeans und mein T-Shirt oder Sweatshirt, weil das bequem ist.

Markus, Österreich

Wir haben keine Schuluniform, aber ich finde das nicht gut. Ich möchte eine praktische Uniform haben, dann sind wir alle gleich. Ich mag Jeans und T-Shirts zu Hause, aber in der Schule ist eine Uniform besser.

Julia, Schweiz

In der Schule trage ich eine blaue Hose, ein blaues Polohemd und ein blaues Sweatshirt. Ich mag blau (das ist meine Lieblingsfarbe), aber ich finde Schuluniformen doof. „Normale" Kleidung ist besser!

Olivia, England

Ich trage jeden Tag andere Klamotten – so bin ich anders als die anderen. In einer Schuluniform geht das nicht.

Susanna, Deutschland

In der Grundschule habe ich keine Schuluniform getragen – kein Problem! Aber jetzt muss ich eine rote Jacke und eine Krawatte tragen und das ist furchtbar!

Sam, Großbritannien

Zur Schule trage ich eine schwarze Hose, ein weißes Hemd mit Krawatte, einen grauen Pulli und eine schwarze Jacke. Das ist gut, finde ich. Ich muss mir nicht jeden Morgen überlegen, was ich anziehen soll.

Iain, Schottland

1 📖 Lies die Texte! Wer ist das? Schreib die Namen auf!

Beispiel: **1** Olivia, Sam

1 Ich mag meine Uniform nicht.
2 Ich mag meine Uniform.
3 Ich trage keine Schuluniform.
4 Ich trage gern eine Jeans und ein T-Shirt, aber nicht in der Schule.
5 Schuluniform ist praktisch, finde ich.
6 In einer Schuluniform sehe ich aus wie alle anderen.

2 📖 Which opinion do you agree with most?

gleich – *the same, equal*

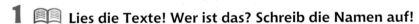

3 Einkaufen und Essen

3A In der Stadt

- make arrangements to meet
- learn some places in town
- use some prepositions

1 📖 **Welcher Text passt zu welchem Bild?**

Beispiel: **1 b**

1 gegenüber der Schule

2 neben dem Geldautomaten

3 vor dem Kino

4 im Sportzentrum

5 hinter dem Supermarkt

6 an der Bushaltestelle

2 💿 **Hör zu (1–6)! Welches Bild aus Übung 1 ist das?**

Beispiel: **1 e**

3 📖 **Wähl das richtige Wort und schreib die Sätze richtig auf! Dein Partner/Deine Partnerin überprüft die Antworten.**

Beispiel: **1 Wir treffen uns neben dem Kino.**

1 Wir treffen uns neben **der / das / dem** Kino.
2 Ich bin um halb vier vor **den / dem / der** Supermarkt.
3 Wir treffen uns um drei Uhr **an der / am** Bushaltestelle.
4 Die Bushaltestelle ist gegenüber **der / den / dem** Geldautomaten.
5 Ich bin hinter **dem / der / das** Sportzentrum.
6 Wo treffen wir uns? **Im / In der** Schule?

> der Geldautomat
> der Supermarkt
> die Bushaltestelle
> die Schule
> das Kino
> das Sportzentrum
> in (*in*)
> an (*at*)
> hinter (*behind*)
> vor (*in front of*)
> neben (*next to, near*)
> gegenüber (*opposite*)

▲

Grammatik: prepositions + dative case

To say where you are meeting someone, use one of the prepositions with the **dative** case.

In the dative case, *der* and *das* change to *dem*; *die* changes to *der*.

der Supermarkt	***im (= in dem)*** *Supermarkt*	in the supermarket
das Kino	***hinter dem*** *Kino*	behind the cinema
das Sportzentrum	***gegenüber dem*** *Sportzentrum*	opposite the sports centre
die Bushaltestelle	***an der*** *Bushaltestelle*	at the bus stop
die Schule	***neben der*** *Schule*	near the school

Notice that *in dem* is usually shortened to *im*.
What do you think *am* is short for? How would you say 'at the cinema'?

siehe Seite **141** ➤➤

4 🔘 **Hör zu (1–6) und mach Notizen! Wo treffen sie sich? Um wie viel Uhr?**

Beispiel: **1** Vor dem Supermarkt, um 3 Uhr

5 💬 **Lest den Dialog und macht weitere Dialoge!**

> – Ich gehe einkaufen. Kommst du mit?
> – Ja, sicher! Wo treffen wir uns?
> – **Vor dem Supermarkt.**
> – Um wie viel Uhr?
> – **Um halb elf.**
> – O.K. Bis dann!

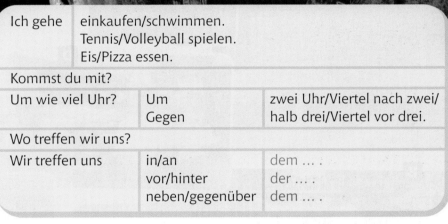

6 💬 *extra*! **Macht weitere Dialoge! (Die Bilder und die Wörter im Kasten können dir dabei helfen.)**

Beispiel: **A** Ich gehe **Pizza essen.** Kommst du mit?
B Ja, sicher! Wo treffen wir uns?
A ...

Ich gehe	einkaufen/schwimmen. Tennis/Volleyball spielen. Eis/Pizza essen.	
Kommst du mit?		
Um wie viel Uhr?	Um Gegen	zwei Uhr/Viertel nach zwei/ halb drei/Viertel vor drei.
Wo treffen wir uns?		
Wir treffen uns	in/an vor/hinter neben/gegenüber	dem ... . der ... . dem ... .

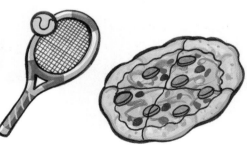

7 ✏️ **Schreib einen SMS-Text!**

Beispiel:

> Ich gehe schwimmen. Kommst du mit? Wir treffen uns um 2 Uhr vor der Schule. Bis bald!

3B Wohin gehst du?

- learn some more places in town
- say where you are and where you're going
- learn how to use some prepositions

Wo bist du, Franz? Wohin gehst du dann?

1 🔊 Hör zu (1–4) und sieh dir die Geschäfte (A–H) an! Wohin gehen sie? Wie ist die richtige Reihenfolge?

Beispiel: **1** E, A, …

Strategie! *Using clues*

When listening, use visual clues like photos or drawings to predict what words you might hear.

Ich bin im (**1**) _____
Ich gehe in (**2**) _____
Supermarkt.

2 💬 Kettenspiel. Wohin gehst du?

Beispiel: **A** Wohin gehst du?
B Ich gehe in die Bäckerei. Und du, wohin gehst du?
A Ich gehe in die Bäckerei, dann in den Supermarkt …

◄ **Grammatik:** *in* + accusative case

Use *in* with the accusative to say which shop you are going **into**.

Ich gehe …

in den	*Supermarkt/Schreibwarenladen.*
in die	*Bäckerei/Drogerie.* *Konditorei/Metzgerei.*
ins	*Kaufhaus/Sportgeschäft*

siehe Seite **141** ➤➤

Mutti, ich bin im (3) _____ . Dann gehe ich in (4) _____ Metzgerei.

Ich bin in der (5) _____ Dann gehe ich (6) _____ Sportgeschäft.

Franz? Wo bist du?

Ich bin hier, Mutti!

3 📖 **Füll die Lücken aus! Wähl Wörter aus dem Kasten rechts!**

Beispiel: **1 Kaufhaus**

> den   die   ins
> Kaufhaus   Metzgerei
> Supermarkt

4 📖 **Sieh dir die Bilder oben an und wähl die richtige Antwort!**

Beispiel: **1 in den**

1 Ich gehe **in der / in den** Supermarkt.
2 Ich bin **im / ins** Kaufhaus.
3 Ich kaufe Brot **in die / in der** Bäckerei.
4 Ich gehe **in die / in der** Drogerie.
5 Ich gehe **im / ins** Sportgeschäft.
6 Ich kaufe einen Kuli **in den / im** Schreibwarenladen.

5 🗨 **Macht Handy-Dialoge in der Stadt!**

Beispiel: **A** Hallo! Wohin gehst du jetzt?
B Ich gehe in **die Bäckerei.**
A O.K. Wir treffen uns in **der Bäckerei.**
B In Ordnung. Bis bald!

Grammatik: _in_ + accusative or dative case

Use _in_ with the accusative to say which shop you are going **into**.
Use _in_ with the dative to say which shop you are **in**.

	accusative (into)	**dative** (in)
	Ich gehe …	_Ich bin …_
masculine	_in den (Supermarkt)._	_im (Supermarkt)._
feminine	_in die (Konditorei)._	_in der (Konditorei)._
neuter	_ins (Kaufhaus)._	_im (Kaufhaus)._

siehe Seite **141** ➤➤

6 ✏ **Maria sagt die Sätze falsch. Schreib den Satz richtig auf!**

Ich bin im Schreibwarenladen, dann gehe ich in die Metzgerei und ins Kaufhaus.

3C Im Restaurant

- understand a menu
- learn how to order a meal
- use correct word order

1 **Lies die Speisekarte und sieh dir die Bilder an! Was passt zusammen?**

Beispiel: **1 e**

2 💿 **Hör zu! Was bestellen sie? Wähl die richtigen Buchstaben der Bilder (Übung 1)!**

Beispiel: **Vorspeise: c, …, …;**
Hauptgericht: …, …, …;
Nachtisch: …, …, …

▲

> **Grammatik:** *du, Sie*
>
> The waiter addresses adults and older children as *Sie*, but younger children are addressed as *du*.
>
> *Was nehmen* **Sie***?*
> *Was nimmst* **du***?*
>
> siehe Seite **142** ➤➤

3 💬 **Lest den Dialog! Macht dann weitere Dialoge im Restaurant! Ersetzt die fett gedruckten Wörter!**

Speisekarte

Vorspeise:
1 Tomatensuppe mit Brötchen
2 Aufschnitt
3 Salatteller mit Dressing

Hauptgericht:
4 Forelle mit Kartoffeln und Erbsen
5 Gulasch mit Reis
6 Spagetti mit Tomatensoße (vegetarisch)

Nachtisch:
7 Gemischtes Eis
8 Apfelstrudel
9 Schokoladenkuchen

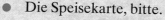

- Die Speisekarte, bitte.
- Bitte.
- …
- Was nehmen Sie?
- Also, als Vorspeise nehme ich **Aufschnitt**.
- **Aufschnitt**, ja …
- Und als Hauptgericht nehme ich **Fisch mit Kartoffeln und Erbsen**.
- So, danke. Und was nehmen Sie als Nachtisch?
- Hmm … was können Sie empfehlen?
- **Der Apfelstrudel** ist sehr gut.
- O.K. Ich nehme den **Apfelstrudel**.

Grammatik: verb second

Remember to always make the verb the second idea in a sentence.

*Ich **nehme** ein gemischtes Eis.*

*Als Nachtisch **nehme** ich ein gemischtes Eis.*

siehe Seite **7, 11, 146** ➤➤

4 📖 **Schreib die Sätze noch einmal! Beginn mit den fett gedruckten Wörtern!**

Beispiel: **1 Als Nachtisch** nehme ich den Apfelstrudel.

1 Ich nehme den Apfelstrudel **als Nachtisch**.

2 Ich nehme Aufschnitt **als Vorspeise**.

3 Als Nachtisch nehme **ich** ein gemischtes Eis.

4 Ich nehme **Fisch** als Hauptgericht.

5 🖊 **Du bist in einem Restaurant in Unsinn-Stadt. Schreib eine blöde Speisekarte!**

Beispiel:

Vorspeise:
Tomateneis mit Salat

6 💬 *extra!* **Macht Dialoge im Unsinn-Restaurant! Nehmt die Dialoge auf Kassette oder auf Video auf! Dein(e) Partner(in) überprüft es. Ist die Wortstellung richtig? Sind die Verben richtig?**

Beispiel: **A** Die Speisekarte, bitte.

B Bitte ... Was nehmen Sie?

A Als Vorspeise nehme ich Spagetti mit Schokoladenkuchen ...

3D Was nehmen Sie?

- understand a more complex menu
- find out what a dish consists of
- distinguish between the sounds a, ä, e

Speisekarte

Vorspeisen und Suppen

* Gulaschsuppe
* Gebackener Camembert mit Preiselbeersahne
* Artischockenherzen in Olivenöl mit Knoblauchröstbrot

Hauptgerichte

* „Pute Hawaii": Steak von der Pute mit frischer gegrillter Ananasscheibe und gemischtem Salat
* Jägerschnitzel mit Backkartoffeln und saurer Sahne
* Rumpsteak 180g mit Kräuterbutter, Bohnen und Kroketten
* Würstchen mit Pommes frites und Salat

Zum Nachtisch

* Vanilleeis mit heißen Himbeeren
* Rote Grütze mit Vanillesoße
* Milchreis mit Apfelmus

Strategie! *Understanding a menu*

Before looking up words in a dictionary:

- look at which category a dish is in (*Vorspeisen*, etc.) as this can help narrow down the meaning;
- look for familiar words and cognates;
- break up longer words (such as compound nouns) into more manageable chunks. Example:

  Knoblauch – röst – brot
  ③   ②   ①

  ① You probably know that this means 'bread'.

  ② This looks like 'roast'.

  ③ So what kind of 'roast bread' do you get in restaurants, especially served with another dish? When you've had a guess, look this part up in a dictionary to check.

- Don't be afraid to ask the waiter/waitress if you don't know what something is.

  – Was ist Jägerschnitzel?
  – Das ist eine Scheibe Fleisch mit Champignons in einer scharfen Soße.

die Scheibe – *slice*

1 📖 **Work out as many items as you can from this menu. Use a dictionary for some of them. Think of the shortest possible list of words you need to look up in order to understand the menu.**

2 💿 **Listen to the dialogues (1–3) and use your listening skills to understand and make notes. Then explain in English what you think the dishes are.**

3 💿 🗣 **Lauter Laute: a, ä, e**

- Hör zu und sprich nach!
  Ergun nimmt Jägerschnitzel mit Äpfeln und Erbsen, aber Anna wählt Gulasch und Ananas.

In der Stadt / *In town*

der Geldautomat	*cash machine*
der Supermarkt	*supermarket*
der Schreibwarenladen	*stationer's*
die Bäckerei	*baker's*
die Bushaltestelle	*bus stop*
die Drogerie	*drugstore*
die Konditorei	*cake shop*
die Metzgerei	*butcher's*
die Schule	*school*
das Kaufhaus	*department store*
das Kino	*cinema*
das Restaurant	*restaurant*
das Sportgeschäft	*sports shop*
das Sportzentrum	*sports centre*

Wo treffen wir uns? / *Where shall we meet?*

Ich gehe … / *I'm going …*
- einkaufen. / *shopping.*
- schwimmen. / *swimming.*
- Tennis/Volleyball spielen. / *to play tennis/volleyball.*
- Eis/Pizza essen. / *to eat ice-cream/pizza.*

Kommst du mit? / *Are you coming?*
Um wie viel Uhr? / *At what time?*
Um zwei Uhr/Viertel nach zwei. / *At two o'clock/a quarter past two.*
Gegen halb drei/Viertel vor drei. / *At about half past two/a quarter to three.*
Bis dann! / *Until then!*

Wir treffen uns … / *We'll meet …*

in	*in*
an	*at*
hinter	*behind*
neben	*next to, near*
vor	*in front of*
gegenüber	*opposite*
im Schreibwarenladen	*in the stationer's*
in der Bäckerei	*in the baker's*
im Kaufhaus	*in the department store*

Wohin gehst du? / *Where are you going?*

Ich gehe in den Supermarkt. / *I'm going into the supermarket.*

Ich gehe in die Metzgerei. / *I'm going into the butcher's.*
Ich gehe in das (ins) Sportzentrum. / *I'm going into the sports centre.*

Im Restaurant / *In the restaurant*

Die Speisekarte, bitte. / *The menu, please.*
Was nehmen Sie?/Was nimmst du? / *What are you having?*
Ich nehme … / *I'll have …*
- als Vorspeise / *for a starter*
- als Hauptgericht / *for the main course*
- als Nachtisch / *for dessert*

Was können Sie empfehlen? / *What can you recommend?*
Was ist …? / *What is …?*

Grammatik:

★ Prepositions: use *in* with the accusative to say which shop you are going **into**.
Use *in* with the dative to say which shop you are **in**.

	accusative (into)	**dative** (in)
	Ich gehe …	*Ich bin …*
masculine	*in den* (Supermarkt).	*im* (Supermarkt).
feminine	*in die* (Konditorei).	*in der* (Konditorei).
neuter	*ins* (Kaufhaus).	*im* (Kaufhaus).

● The prepositions *an* (at), *hinter* (behind), *vor* (in front of), *neben* (next to) usually take the **dative** case:
*Ich bin **an der** Bushaltestelle.*

● The preposition *gegenüber* (opposite) **always** takes the **dative** case.
*Wir treffen uns **gegenüber dem** Geldautomaten.*

★ *du, Sie:*
adults/older children *Sie* *Was nehmen **Sie**?*
younger children *du* *Was nimmst **du**?*

★ Verb second: put the verb as the second idea in a sentence.
*Ich **nehme** ein gemischtes Eis. Als Nachtisch **nehme** ich ein gemischtes Eis.*

siehe Seite **141, 142, 146** ➤➤

Strategie!

★ Use visual clues to predict what words you might hear.
★ Remember meanings.
★ Use cognates and familiar words or parts of words to understand text.

Cross-topic words

in *in* • **an** *at, on (vertical things)* • **hinter** *behind* • **vor** *in front of* • **neben** *near, next to* • **gegenüber** *opposite*

Lauter Laute: a, ä, e

4 Medien

4A Das mag ich!

- say what types of film you like and dislike
- discuss going to the cinema
- learn to use the modals *mögen* and *wollen*

Magst du gern (Komödien)?

 Ich mag sehr/total gern (Actionfilme).

 Ich mag (Fantasyfilme) nicht./(Horrorfilme) mag ich nicht.

1 Hör zu (1–6) und füll die Tabelle aus!

	Name	☺	☹
1	Renate	a	…
2	Hugo		
3	Erdem		
4	Wiebke		
5	Erna		
6	Volker		

2 Mögt ihr Horrorfilme, Actionfilme usw.? Macht Dialoge!

Beispiel: **A** Magst du Martial-Arts-Filme?
B Nein, ich mag Martial-Arts-Filme nicht. Und du? Magst du gern Horrorfilme?
A …

Strategie! Using connectives

Don't forget to join your opinions together with the connectives *und* and *aber*.

Beispiel: **A** Wie findest du Fantasyfilme?
B Ich mag Fantasyfilme und Komödien sehr gern, aber ich mag Science-Fiction-Filme nicht. Und du?
A …

3 Und du? Magst du gern Horrorfilme, Kriegsfilme usw.? Wie findest du Komödien, Zeichentrickfilme usw.? Schreib ein paar Sätze zu diesem Thema!

Beispiel: Ich mag Komödien sehr gern, aber ich mag … nicht.

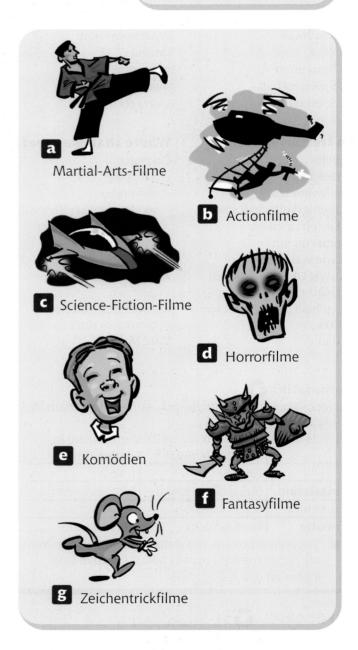

a Martial-Arts-Filme

b Actionfilme

c Science-Fiction-Filme

d Horrorfilme

e Komödien

f Fantasyfilme

g Zeichentrickfilme

4 a 🔵 **Was läuft? Hör zu (1–7) und ordne die Filme zu!**

Beispiel: **1 b, …**

> Willst du ins Kino gehen?
> *Do you want to go to the cinema?*

> Was läuft?
> *What's on?*

a ein Science-Fiction-Film
b ein Horrorfilm
c eine Komödie
d ein Fantasyfilm
e ein Zeichentrickfilm
f ein Martial-Arts-Film
g ein Actionfilm

4 b 🔵 **Hör noch einmal zu (1–7)! Wer akzeptiert? Wer akzeptiert nicht?**

Beispiel: **1 akzeptiert**

5 🗣️💬 **Lauter Laute: o und ö**

● Hör zu und wiederhole!
Horrorfilme sind total blöd, aber ich möchte eine tolle Komödie sehen.

6 💬 **Wählt Filme und macht Dialoge!** ◀

Beispiel: **A Willst du ins Kino gehen?**
B Was läuft?
C Ein(e) (Komödie).
D Toll! Ich mag (Komödien) gern./Nein, danke. Ich mag (Komödien) nicht.

7 ✏️ **Schreib eine E-Mail an einen Freund/eine Freundin!**

Beispiel: **Willst du ins Kino gehen? Was läuft? „Spiderman" – das ist ein Science-Fiction-Film. Ich mag Science-Fiction-Filme gern. Oder „Shrek" – das ist ein Zeichentrickfilm (, aber ich mag Zeichentrickfilme nicht gern!).**

Grammatik: modal verbs

Mögen (to like) and *wollen* (to want) are modal verbs.

mögen	**wollen**
ich mag (I like)	*ich will* (I want)
du magst (you like)	*du willst* (you want)
er/sie mag (he/she likes)	*er/sie will* (he/she wants)

Wollen is always used with another verb. The other verb goes to the end of the sentence.

*Willst du ins Kino **gehen**?*   Do you want to go to the cinema?
*Ich **mag** Science-Fiction-Filme nicht.*   I don't like science fiction films.

siehe Seite **143** ➤➤

8 💬 **Überprüft die Antworten mit einem Partner/einer Partnerin!**

4B Ausreden, Ausreden!

- make excuses
- say what you can (not) and must (not) do
- learn to use the modals *können*, *müssen* and *dürfen*

1 🔊 **Hör zu (1–7) und ordne die Ausreden zu!**

Beispiel: e, ...

Es tut mir Leid, ...

a ... ich darf nicht ausgehen.

b ... ich darf keine Horrorfilme sehen.

c ...ich kann nicht. Ich habe zu viele Hausaufgaben.

d ... ich kann nicht. Ich bin krank.

e ... ich muss mir die Haare waschen.

f ... ich muss meinen Eltern helfen.

g ... ich muss Staub saugen.

2 💬 **A sagt die ersten zwei Wörter einer Ausrede. B hat 5 Sekunden Zeit, um sie zu vervollständigen.**

Beispiel: A Ich darf ...
B ... nicht ausgehen.

3 a 🔊 **Hör zu und lies die Bildgeschichte! Welche Ausrede passt zu welchem Film?**

Beispiel: 1 f

1 Spiderman
2 Der Herr der Ringe
3 Fluch der Karibik
4 Der weiße Hai
5 Die Monster-AG

3 b 📖 **Welche drei Ausreden macht Angelika *nicht*?**

Bildgeschichte

1 Morgen, Angelika! Willst du DVDs bei mir ansehen? Ich habe „Der Herr der Ringe".
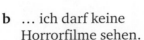

Es tut mir Leid, ich muss mir die Haare waschen.

4 Tag, Angelika! Willst du DVDs bei mir ansehen? Ich habe „Spiderman".

Ich kann nicht. Ich muss meinen Eltern helfen.

Grammatik: modal verbs

Here are some more **modal** verbs. They are normally used with **another verb**, which goes at the **end** of the sentence or clause.

können (to be able to: I can, etc.)
ich kann
du kannst
er/sie kann

dürfen (to be allowed to: I may/can, etc.)
ich darf
du darfst
er/sie darf

müssen (to have to: I must, etc.)
ich muss
du musst
er/sie muss

Ich kann nicht.   I can't.

*Er **darf** keine Horrorfilme **sehen**.*
He's not allowed to watch horror films.

*Du **musst** deine Hausaufgaben **machen**.*
You must do your homework.

siehe Seite **143** ➤➤

4 ✏️ **Füll die Lücken mit der passenden Verbform aus!**

Beispiel: **1 Er *darf* nicht ausgehen.**

1 Er _____ nicht ausgehen. (dürfen)

2 Ich _____ nicht. Ich habe zu viele Hausaufgaben. (können)

3 Ich _____ mir die Haare waschen. (müssen)

4 Sie _____ keine Horrorfilme sehen. (dürfen)

5 Ich _____ nicht. Ich bin krank. (können)

6 Du _____ deinen Eltern helfen. (müssen)

5 💬 **Macht jetzt Dialoge! A sagt einen Film und B gibt eine Ausrede!**

Beispiel: **A Willst du DVDs bei mir ansehen? Ich habe „Der Herr der Ringe".**
B Es tut mir Leid, ich kann nicht. Ich muss meinen Eltern helfen.

6 ✏️ **Erfinde neue Ausreden! Ändere die Ausreden auf Seite 34, wenn du möchtest! Die Wörter rechts helfen dir dabei.**

Beispiel: **Es tut mir Leid, ich kann nicht. Ich muss abwaschen.**

abwaschen – *to wash up*
mein Zimmer aufräumen – *to tidy my room*
meinem Bruder (helfen) – *(to help) my brother*
meiner Schwester (helfen) – *(to help) my sister*
wegfahren – *to go away (from home)*
müde – *tired*
beschäftigt – *busy*

7 💬 ✏️ **Schreibt einen Dialog!** *Imagine someone keeps asking someone else out, but they don't want to go! Use your new excuses.*

Beispiel: **A Willst du mit mir ins Kino gehen?**
B Es tut mir Leid, ich kann nicht. Ich muss mein Zimmer aufräumen.
A Willst du …?

4C Ich bin ins Kino gegangen

- say where you went
- use the perfect tense with *sein*
- say what you thought of a film

Was hast du letztes Wochenende/gestern Abend gemacht?

1 💿 **Wer hat was gemacht? Rate mal! Hör dann zu (1–6)! Hast du Recht?**

Beispiel: **1** a? b? c? …

Rudi

a Ich bin Rollschuh gefahren.

b Ich bin Ski gefahren.

c Ich bin nach Berlin gefahren.

d Ich bin in die Disko gegangen.

e Ich bin ins Kino gegangen.

f Ich bin ins Sportzentrum gegangen.

Daniela

Birgit

Holger

Lutz

Isabelle

2 💬 **Spielt die Rollen von den Jugendlichen aus Übung 1!**

Beispiel: **A** Tag, Rudi! Was hast du letztes Wochenende gemacht?
B Ich bin ins Kino gegangen. Und du, Lutz?
A Ich bin …

3 ✏️ **Und du? Was hast du gestern Abend oder letztes Wochenende gemacht? Schreib eine E-Mail!**

Beispiel: Letztes Wochenende habe ich sehr viel gemacht! Am Samstag Morgen bin ich (**nach Berlin gefahren**) und am Nachmittag bin ich (**ins Sportzentrum gegangen**). Am Abend bin ich … . Am Sonntag Morgen bin ich … und am Nachmittag … . Am Abend …

Grammatik: the perfect (*das Perfekt*) ♻️

Most verbs use *haben* in the perfect tense, but a few key ones, such as *gehen* and *fahren*, use *sein* (*ich bin, du bist, er/sie ist*).

gehen usually on foot and/or to somewhere quite close (e.g. cinema, town centre)

fahren usually a longer distance and by some kind of transport

Ich	**bin**	(ins Kino)	**gegangen.**	Ich	**bin**	(nach Berlin)	**gefahren.**
Du	**bist**	(in die Disko)	**gegangen.**	Du	**bist**	(Ski)	**gefahren.**
Er/Sie (Birgit) }	**ist**	(ins Sportzentrum)	**gegangen.**	Er/Sie (Lutz) }	**ist**	(Rollschuh)	**gefahren.**

siehe Seite **144** ▶▶

Strategie! *Working out meanings from context*

Some words mean different things in different contexts. In *Na klar! 1*, you met the word *Geschichte* – can you remember what it means in the sentence below?

Mein Lieblingsfach ist **Geschichte**.

You are about to meet it again, but with a different meaning. Can you work out from the **context** what it means here?

Der Film war toll. Die **Geschichte** *war interessant.*

Can you think of any English words which mean different things in different contexts?

4 📖 **Was passt zusammen?** *Look for words you recognise, or words that are similar to English ones!*

Beispiel: 1 f

> war – *was*   waren – *were*

1 Der Film war gut.	**a** *The action was exciting.*
2 Der Film war furchtbar.	**b** *The characters were silly.*
3 Das Ende war blöd.	**c** *The action was boring.*
4 Das Ende war toll.	**d** *The story was stupid.*
5 Die Darsteller waren blöd.	**e** *The ending was silly.*
6 Die Darsteller waren cool.	**f** *The film was good.*
7 Die Handlung war langweilig.	**g** *The ending was great.*
8 Die Handlung war spannend.	**h** *The film was terrible.*
9 Die Geschichte war interessant.	**i** *The story was interesting.*
10 Die Geschichte war doof.	**j** *The characters were cool.*

5 💿 **Hör zu (1–5) und füll die Lücken aus!**

Beispiel: 1 Die Darsteller waren *blöd.*

1 Die Darsteller waren _____ .

2 Die Handlung war _____ .

3 Die Geschichte war _____ .

4 Das Ende war _____ .

5 Die Darsteller waren _____ .

6 a 💬 **Dein(e) Partner(in) ist ins Kino gegangen. Stell ihm/ihr Fragen über den Film!**

6 b 💬 extra! **Macht weitere Dialoge! Seid ihr derselben Meinung?**

Beispiel: **A** Ich habe „Shrek" gesehen. Die Handlung war spannend und die Figuren waren cool.

B Cool? Nein! Die Figuren waren blöd! Und die Geschichte war doof.

A Doof? Nein! Die Geschichte war … .

Strategie! *Using connectives*

Join your sentences together with connectives like *und* and *aber* to give a more detailed description of the film.

Beispiel: **A** Was hast du gesehen und wie war der Film?

B Der Film heißt „Shrek". Die Figuren waren cool und die Handlung war spannend.

7 ✏️ **Beschreib einen Film! Verbinde die Sätze mit *und* und *aber*!**

Beispiel: Der Film heißt „Der Fisch". Der Film war ziemlich gut, weil die Darsteller cool waren und die Handlung spannend war, aber die Geschichte war doof und das Ende war blöd …

4D Film- und Buchkritik!

- understand film and book summaries
- learn to use *dieser*

A

„Vier Stunden in Paris" ist ein Actionfilm. Dieser Film handelt von einem Mann in Paris. Er muss ein Paket finden und dieses Paket nach Berlin mitnehmen. Er muss das Paket in vier Stunden finden! Und die Stunden sind schon fast vorbei…

1 💿 Hör zu und lies die Texte! Richtig, falsch, oder nicht im Text?

Beispiel: **1 richtig**

1 In „Vier Stunden in Paris" muss ein Mann ein Paket finden.
2 Er muss ein Paket nach London mitnehmen.
3 „Vier Stunden in Paris" ist sehr interessant.
4 In „Wo ist Lumpi?" hat ein Junge eine Katze verloren.
5 Die alte Dame in der Geschichte hat ein Problem.

B

Dieses Buch ist eine Komödie und heißt „Wo ist Lumpi?". Es handelt von einem Jungen und einem Hund. Der Junge hat seinen Hund verloren. Eine alte Dame hilft dem Jungen. Diese Dame hat ein Problem. Aber was ist dieses Problem?

2 💿 Lies die Texte noch einmal und wähl die richtigen Antworten!

Beispiel: **1 a**

1 „Vier Stunden in Paris" ist   **a)** eine Komödie
   b) ein Fantasyfilm   **c)** ein Actionfilm.
2 Der Film handelt von einem Mann in
   a) Berlin   **b)** London   **c)** Paris.
3 Er muss   **a)** eine Katze   **b)** ein Paket
   c) eine Frau finden.
4 Er hat   **a)** drei   **b)** vier   **c)** fünf Stunden Zeit.
5 „Wo ist Lumpi?" handelt von   **a)** einem Mädchen
   b) einem Mann   **c)** einem Jungen.
6 Der Junge hat   **a)** einen Hund   **b)** ein Kaninchen
   c) eine Katze verloren.

> handelt von – *is about*
> verloren – *lost*

3 ✏️ Wähl *dieser*, *diese*, *dieses* oder *diesen*!

Beispiel: **1 a Dieser**

1 **a)** Dieser   **b)** Diese   **c)** Dieses   Film handelt von einer Frau in London.
2 **a)** Dieser   **b)** Diese   **c)** Dieses   Buch ist ein Krimi.
3 **a)** Dieser   **b)** Diese   **c)** Dieses   Frau hat eine Katze verloren.
4 **a)** Dieser   **b)** Diese   **c)** Dieses   Mann hat ein Problem.
5 **a)** Dieser   **b)** Diese   **c)** Dieses   Problem ist furchtbar.

◀ **Grammatik: *dieser, diese, dieses* (this)**
The words **dieser**, **diese**, **dieses** mean 'this' or 'these' and they change their ending according to whether they are **masculine**, **feminine** or **neuter**, or **singular** or **plural**.

masculine	feminine	neuter	plural
dies**er**	dies**e**	dies**es**	dies**e**

siehe Seite **140** ➤➤

4 💬 A sagt einen Satz aus einer der Beschreibungen oben. B muss sagen, welche Beschreibung das ist.

Beispiel: **A** Es handelt von einem Jungen und einem Hund.
   B „Wo ist Lumpi?"

Filme

ein Science-Fiction-Film/ Science-Fiction-Filme	
ein Horrorfilm/Horrorfilme	
ein Fantasyfilm/Fantasyfilme	
ein Zeichentrickfilm/ Zeichentrickfilme	
ein Actionfilm/Actionfilme	
ein Martial-Arts-Film/ Martial-Arts-Filme	
eine Komödie/Komödien	

Films

a science fiction film/ science fiction films
a horror film/horror films
a fantasy film/fantasy films
a cartoon film/cartoon films

an action film/action films
a martial arts film/martial arts films
a comedy/comedies

Ins Kino gehen

Willst du ins Kino gehen?

Was läuft?
Magst du gern …?
Wie findest du …?
Ich mag … sehr/total gern.
Ich mag … nicht.

Going to the cinema

Do you want to go to the cinema?

What's on?
Do you like …?
What do you think of …?
I really like … .
I don't like … .

Ausreden erfinden

Willst du DVDs bei mir ansehen?
Ich darf nicht ausgehen.
Ich darf keine Horrorfilme sehen.
Ich bin krank.
Ich habe zu viele Hausaufgaben.
Ich kann nicht.
Ich muss Staub saugen.

Ich muss meinen Eltern helfen.

Making excuses

Do you want to watch DVDs at my place?
I'm not allowed to go out.
I'm not allowed to watch horror films.
I'm ill.
I've got too much homework.

I can't.
I have to do the vacuum cleaning.
I have to help my parents.

Ich muss mir die Haare waschen.

I have to wash my hair.

Film- und Buchkritiken machen

der Film
das Ende
die Handlung
der Darsteller (die Darsteller)

die (Zeichentrick)figur(en)
die Geschichte
war/waren
gut
furchtbar
blöd
doof
toll
cool
spannend
interessant
langweilig

Commenting on films and books

the film
the end
the action, plot
the character (characters)/ actor (actors)
the (cartoon) character(s)
the story
was/were
good
terrible
silly, stupid
stupid, silly
great
cool
exciting
interesting
boring

Sagen, was du gemacht hast

Ich bin ins Kino gegangen.
Ich bin Rad gefahren.
Ich bin in die Disko gegangen.
Ich bin ins Sportzentrum gegangen.
Ich bin nach Stuttgart gefahren.
Ich bin Rollschuh gefahren.

Say what you did

I went to the cinema.
I went cycling.
I went to the disco.
I went to the sports centre.
I went to Stuttgart.
I went roller-skating.

Grammatik:

★ Modal verbs:

können (to be able to: I can, etc.)
ich kann, du kannst, er/sie kann

dürfen (to be allowed to: I may/can, etc.)
ich darf, du darfst, er/sie darf

müssen (to have to: I must, etc.)
ich muss, du musst, er/sie muss

wollen (to want to)
ich will, du willst, er/sie will

mögen (to like)
ich mag, du magst, er/sie mag

möchte (would like)
ich möchte, du möchtest, er/sie möchte

★ The perfect: to say 'go' in German, use *gehen* (on foot) and *fahren* (by transport). To make their perfect tenses, you use *ich bin* and a word beginning with *ge-*, which goes at the end of the sentence.

*Ich **bin** ins Kino ge**gangen**.*   I went to the cinema.
*Ich **bin** nach Berlin ge**fahren**.*   I went to Berlin.

★ *dieser, diese, dieses* (this):

(masc) *dieser* **(fem)** *diese* **(neut)** *dieses* **(pl)** *diese* – this/these
siehe Seite **140, 143, 144** ▶▶

Strategie!

★ Use connectives to write continuous text.

★ Work out meanings from the context.

 **Lauter Laute:** o und ö

 dieser (diese, dieses usw.) *this* • **dürfen** *to be allowed* • **können** *to be able, can* • **mögen** *to like* • **müssen** *to have to, must* • **wollen** *to want*

Wiederholung

1 📖 Was passt zusammen?

Beispiel: **1 d**

1 Wir treffen uns im Supermarkt.
2 Wir treffen uns neben dem Geldautomaten.
3 Wir treffen uns hinter der Schule.

4 Wir treffen uns vor dem Kino.
5 Wir treffen uns an der Bushaltestelle.
6 Wir treffen uns gegenüber dem Sportzentrum.

2 a ✏️ Schreib den Dialog richtig auf!

Beispiel: **d Was nehmen Sie?**

a Und was nehmen Sie als Nachtisch?
b Als Vorspeise nehme ich Tomatensuppe.
c Ich nehme Apfelstrudel.

d Was nehmen Sie?
e Als Hauptgericht nehme ich Gulasch mit Reis.
f So … Tomatensuppe. Und als Hauptgericht?

2 b 💬 Übt den Dialog mit einem Partner/einer Partnerin!

---

3 📖 Was passt zusammen?

Beispiel: **1 c**

1 Ich darf	a muss im Bett bleiben.
2 Ich muss	b Eltern helfen.
3 Ich muss mir	c nicht ausgehen.
4 Ich darf keine	d Staub saugen.
5 Ich bin krank. Ich	e Horrorfilme sehen.
6 Ich muss meinen	f die Haare waschen.

4 📖 Welche drei Sätze betreffen eine Film- oder Buchkritik?

Beispiel: **1? 2? 3? …**

1 Die Suppe war gut.
2 Das Ende war blöd.
3 Die Stunde war langweilig.
4 Das Tempo war langsam.
5 Die Schokolade war schnell.
6 Die Geschichte war interessant.

Berühmte deutschsprachige Leute!

Fritz Lang: Filmregisseur

Fritz Lang ist am 5. Dezember 1890 in Wien geboren. Von 1919 bis 1929 hat er Stummfilme gedreht, wie zum Beispiel „Metropolis", ein Science-Fiction-Film. Während der Nazizeit ist er nach Hollywood gegangen und hat dort 22 Filme gemacht.

Michael Ende: Autor

Michael Ende ist als Autor von Kinderbüchern berühmt (zum Beispiel „Die unendliche Geschichte", „Die Niemalsgasse" und „Momo"). Michael Ende ist am 28. August 1995 in Stuttgart gestorben.

Claudia Schiffer: Modell

Claudia Schiffer ist am 25. August 1970 in Rheinbach, Deutschland, geboren. Das „People Magazine" hat sie zu den „25 schönsten Menschen" der Welt gezählt. 1999 hat sie den Opfern des Hurrikans „Mitch" rund 1,8 Millionen Euro gegeben.

Ute Lemper: Sängerin, Tänzerin und Schauspielerin

Ute Lemper ist 1963 geboren. Sie hat als Kind Klavier, Gesang und Ballett gelernt. Mit 15 Jahren hat sie in Jazzklubs gearbeitet. Sie hat in London Velma Kelly in dem Musical „Chicago" gespielt. Sie wohnt mit ihren Kindern und ihrem Mann in New York.

1 Answer these questions in English.

Beispiel: **1 Claudia Schiffer**

Who …?

1 … is 'one of the 25 most beautiful people in the world'?
2 … died in Stuttgart?
3 … directed silent films?
4 … went to Hollywood when the Nazis were in power?
5 … learnt piano, singing and ballet as a small child?
6 … gave money to the victims of Hurricane 'Mitch'?
7 … wrote children's books?
8 … lives with her husband in New York?

5 In der Gegend

5A Hier gibt es ...

- describe what there is in a town
- give an opinion about where you live
- use *es gibt*

Hier gibt es ...

a ... einen Park.

b ... eine Disko.

c ... eine Kegelbahn.

d ...ein italienisches Eiscafé.

e ... ein Kino.

f ... ein Sportzentrum.

g ... ein Jugendzentrum.

1 🔊 **Was gibt es in diesen Städten? Hör gut zu (1–4) und mach vier Listen!**

Beispiel: **1** d, ...

2 💬 **A beschreibt eine Stadt. Wie schnell kann B sagen, welche Stadt das ist?**

Beispiel: **A** Hier gibt es einen Park, ein italienisches Eiscafé ...
B Singhofen!
A Richtig.

Singhofen

Naunheim

Sessenbach

3 🔊 **Hör zu! Was gibt es (✓) in Elkes Stadt und in Roberts Stadt? Was gibt es *nicht* (✗)? Füll die Tabelle aus! Benutze die Buchstaben aus Übung 1!**

	✓	✗
Elke	b, ...	
Robert		

Grammatik: *es gibt* ♻

To say **what there is** in a town, use *es gibt*, followed by *einen, eine* or *ein* plus a **noun**:

***Es gibt einen Park** und **ein Kino** in Bad Harzburg.*

If you put something else before *es gibt* in the sentence, you change the word order to *gibt es*:

*Was **gibt es** in (Bad Harzburg)?*

*In (Bad Harzburg) **gibt es** eine Disko und **ein Freibad**.*

To say what there is **not**, use *es gibt/gibt es*, followed by *keinen/keine/kein* plus a noun:

*In St. Andreasberg **gibt es** keine Kegelbahn.*

Es gibt can't be translated literally into English. It appears to mean 'it gives', but that doesn't make sense! What would we say in English?

siehe Seite **145** ►►

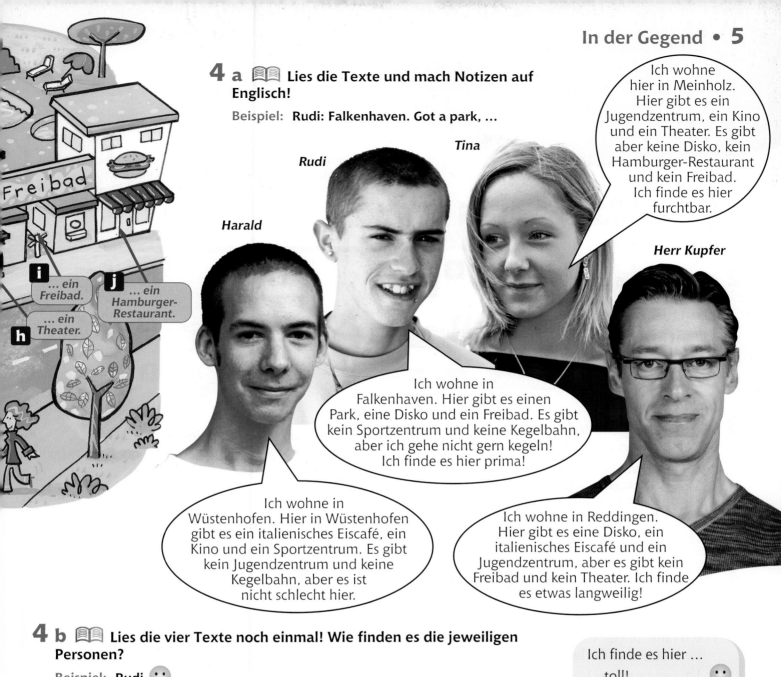

4 a 📖 **Lies die Texte und mach Notizen auf Englisch!**

Beispiel: **Rudi: Falkenhaven. Got a park, …**

Harald

Rudi

Tina

Herr Kupfer

i ... ein Freibad.

j ... ein Hamburger-Restaurant.

h ... ein Theater.

> Ich wohne hier in Meinholz. Hier gibt es ein Jugendzentrum, ein Kino und ein Theater. Es gibt aber keine Disko, kein Hamburger-Restaurant und kein Freibad. Ich finde es hier furchtbar.

> Ich wohne in Falkenhaven. Hier gibt es einen Park, eine Disko und ein Freibad. Es gibt kein Sportzentrum und keine Kegelbahn, aber ich gehe nicht gern kegeln! Ich finde es hier prima!

> Ich wohne in Wüstenhofen. Hier in Wüstenhofen gibt es ein italienisches Eiscafé, ein Kino und ein Sportzentrum. Es gibt kein Jugendzentrum und keine Kegelbahn, aber es ist nicht schlecht hier.

> Ich wohne in Reddingen. Hier gibt es eine Disko, ein italienisches Eiscafé und ein Jugendzentrum, aber es gibt kein Freibad und kein Theater. Ich finde es etwas langweilig!

4 b 📖 **Lies die vier Texte noch einmal! Wie finden es die jeweiligen Personen?**

Beispiel: **Rudi** 🙂

5 💬 **Was gibt es in eurer Stadt oder in eurem Dorf? Und wie findet ihr es dort? Macht Interviews!**

Beispiel: **A Was gibt es in Nottingham?**
B In Nottingham gibt es ein Freibad und eine Disko, aber keinen/keine/kein … . Ich finde es hier nicht schlecht. Und du?
A Ich finde es prima! Es gibt zwei Kinos!

Ich finde es hier …

… toll! 🙂

… furchtbar! 🙁

… langweilig! 🙁

… nicht schlecht. 😐

6 ✏️ **Mach ein Poster über eine Stadt! Dein(e) Partner(in) überprüft es.**

Beispiel: **In Garmisch-Partenkirchen gibt es ein italienisches Eiscafé, ein Kino, …**

7 ✏️ *extra!* **Mach ein Poster über eine furchtbare Stadt! Dort gibt es nichts …**

Beispiel: **Hier gibt es kein Kino, kein Jugendzentrum, kein …**

5B Wohin gehst du?

- say where you are going, when and how
- understand the difference between *gehen* and *fahren*
- use correct word order (time–manner–place)

Grammatik: *fahren oder gehen?*

In German you use *gehen* when you are walking somewhere or the distance is relatively short, and you use *fahren* when you are going further or using some kind of transport.

*Ich **gehe** in die Stadt.   Ich **fahre** nach Berlin.*

siehe Seite **146** ➤➤

1 💿 Hör zu (1–6) und wähl jeweils *fahren* oder *gehen*!

Beispiel: **1** gehen

2 💿 Hör zu (1–6)! Was passt zusammen?

Beispiel: **1** e

3 💬 Stellt Fragen! Wohin und wie? Benutzt *gehen* und *fahren*!

Beispiel: **A** Wohin gehst du?
B Ich gehe in die Stadtmitte.
A Und wie kommst du dorthin?
B Ich gehe zu Fuß.

masculine/neuter		feminine	
mit dem Auto	*by car*	mit der Straßenbahn	*by tram*
mit dem Bus	*by bus*		
mit dem Rad	*by bike*		
mit dem Zug	*by train*		
zu Fuß	*on foot*		

4 ✏️ *Now copy the following sentences out in a grid like the one below.*

1 Ich fahre um elf Uhr mit dem Zug nach Berlin.
2 Ich gehe um drei Uhr zu Fuß nach Hause.
3 Ich fahre um vier Uhr mit dem Bus nach München.
4 Ich fahre um sieben Uhr mit dem Auto nach London.

Grammatik: word order with time phrases

In a German sentence:

- **when** you are going somewhere (the **time**) comes first …
- **how** you are going there (the **manner**) comes next, and …
- **where** you are going (the **place**) comes last.

	Time	Manner	Place
Ich fahre	um neun Uhr	mit dem Bus	nach Stuttgart.
Gehst du	um acht Uhr	zu Fuß	in die Schule?
Ich fahre	um sieben Uhr	mit der Straßenbahn	in die Stadtmitte.

siehe Seite **146** ➤➤

Verb	Time	Manner	Place
1 Ich fahre	um elf Uhr	mit dem Zug	nach Berlin.
2			
3			
4			

5 Hör zu (1–6)! Wohin fährt man? Und wie? Wähl für jeden Dialog **a**, **b** usw.!

Beispiel: **1 a**

1 Ich gehe um neun Uhr zu Fuß   a)    b)

2 Ich fahre um zehn Uhr mit dem Bus   a)    b)

3 Ich fahre   a)   b)   mit dem Auto   c)   d)

4 Ich fahre   a)   b)   mit der Straßenbahn   c)   d)

5 Ich fahre   a)   b)   c)    d)   e)   f)

6 Ich gehe   a)   b)   c)   d)    e)   f)

6 Macht ähnliche Dialoge! Ändert die fett gedruckten Angaben!

Beispiel: **A** Wohin fährst du heute?
           B Ich fahre nach **Berlin**.
           A Wann und wie?
           B Um **neun Uhr mit dem Zug**.
           A Also … du fährst **um neun Uhr mit dem Zug nach Berlin**.

7 *extra!* Ändert den Dialog! Benutzt **gehen**!

8 Beschreib diese Reisen!

Beispiel: **a** Ich fahre um elf Uhr mit dem Auto nach Stuttgart.

a /  /    b / /

c / /   d /  /

5C Vorsicht bei der Abfahrt!

- say what kind of train ticket I want
- understand how the 24-hour clock works
- use some separable verbs

1 a 💿 📖 **Im Bahnhof. Hör zu und lies den Dialog!**

> – **Einmal** nach **Bonn**, bitte.
> – Einfach oder hin und zurück?
> – **Hin und zurück**.
> – Erster Klasse oder zweiter Klasse?
> – **Zweiter Klasse**, bitte.
> – Das macht **hundert Euro**.
> – Bitte schön.
> – Danke schön.

1 b 💿 **Hör noch einmal zu! Welche Fahrkarte ist richtig?**

1
InterCityExpress

VON	->NACH	Klasse
FRANKFURT	->BONN	1

Preis Euro ***100,00

2
InterCityExpress

VON	->NACH	Klasse
FRANKFURT	->BONN	2
BONN	->FRANKFURT	

Preis Euro ***100,00

3
InterCityExpress

VON	->NACH	Klasse
FRANKFURT	->BERLIN	2
BERLIN	->FRANKFURT	

Preis Euro ***100,00

4
InterCityExpress

VON	->NACH	Klasse
FRANKFURT	->BONN	1
BONN	->FRANKFURT	

Preis Euro ***150,00

2 a 📖 **Lies die Mini-Dialoge und ergänze die Fahrkarten!**

Beispiel: **1 c**

1
> – Einmal nach Mainz bitte, hin und zurück.
> – Erster Klasse oder zweiter Klasse?
> – Erster Klasse, bitte.
> – Das macht hundert Euro.

2
> – Einmal nach Berlin, bitte, zweiter Klasse.
> – Einfach oder hin und zurück?
> – Hin und zurück.
> – Das macht hundertfünfzig Euro.

3
> – Einmal nach Bonn, bitte, erster Klasse.
> – Einfach oder hin und zurück?
> – Einfach, bitte.
> – Das macht zweihundert Euro.

a
InterCityExpress

VON	->NACH	Klasse
FRANKFURT	->BERLIN	
BERLIN	->FRANKFURT	

Preis Euro ***150,00

b
InterCityExpress

VON	->NACH	Klasse
FRANKFURT	->BONN	1

Preis Euro ***

c
InterCityExpress

VON	->NACH	Klasse
FRANKFURT	->	1
	->FRANKFURT	

Preis Euro ***100,00

2 b ✏️ extra!
Ergänze die vierte Fahrkarte!

Beispiel:

> – Einmal nach Hannover, bitte, erster Klasse.
> – Einfach oder hin und zurück?
> – Einfach, bitte.
> – Das macht zweihundertfünfzig Euro.

InterCityExpress

VON	->NACH	Klasse

Preis Euro ***

3 💿 **Hör zu (1–5) und ergänze die Tabelle!**

Wohin?	Einfach/Hin und zurück?	Klasse	Preis
Berlin	h/z	......	100
Stuttgart	......	......	150
......	......	2	350
Düsseldorf	......	2	......
Hannover	h/z	......	......

Einfach = e   Hin und zurück = h/z

4 Macht jetzt ähnliche Dialoge!

Beispiel: **A** Einmal nach Berlin, bitte.
B Einfach oder hin und zurück?
A ...

5 Was passt zusammen?

Beispiel: **1** e

1  **2**  **3**

4  **5**  **6**

a Es ist neunzehn Uhr dreißig.

d Es ist achtzehn Uhr.

b Es ist zweiundzwanzig Uhr fünfzehn.

e Es ist dreiundzwanzig Uhr fünfundzwanzig.

c Es ist zwanzig Uhr.

f Es ist sechzehn Uhr fünfundvierzig.

Grammatik: The 24-hour clock

For travel information, German uses the **24-hour clock**. This is easier than it looks. You just add 12 to the hours after midday and follow this with the number of minutes. For example, 3.15 p.m. would be 15.15 and 10.30 p.m. would be 22.30.

What would these times be in the 24-hour clock?

2.15 p.m.   7.30 p.m.
5.45 p.m.   11.20 p.m.

How would you say them in German?!

siehe Seite **148** ➤➤

6 a Hör zu und lies! Schreib die Nummern auf!

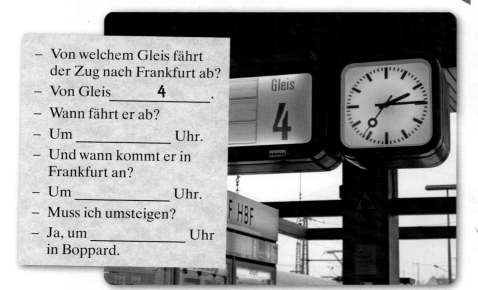

– Von welchem Gleis fährt der Zug nach Frankfurt ab?
– Von Gleis _____**4**_____.
– Wann fährt er ab?
– Um _____ Uhr.
– Und wann kommt er in Frankfurt an?
– Um _____ Uhr.
– Muss ich umsteigen?
– Ja, um _____ Uhr in Boppard.

Grammatik: *trennbare Verben*

Some verbs, like *abfahren* and *umsteigen*, are in two parts – a separable prefix (e.g. *an-* or *ab-*) and the verb itself (e.g. *fahren* or *kommen*). When you use a separable verb in the present tense, the prefix goes at the end of the sentence.

to leave – **ab**fahren – *Der Zug fährt von Gleis 4* **ab**.

to arrive – **an**kommen – *Der Zug kommt um 9 Uhr* **an**.

siehe Seite **144** ➤➤

6 b Schreib ähnliche Dialoge! Ändere die Einzelheiten!

Beispiel: **A** Von welchem Gleis fährt der Zug nach Berlin ab?
B Von Gleis sieben.
A Wann ...?

7 Übt die Dialoge mit einem Partner/einer Partnerin!

Lauter Laute: ü oder u?
*Remember, **ü** and **u** are different sounds.*

● Hör zu und sprich nach!
Muss ich in München oder in Düsseldorf umsteigen?

5D Meld dich mal!

- learn some colloquial expressions

Strategie! Colloquialisms

- Colloquialisms are informal sayings which are used in speech, but not normally in writing, like 'See you later!' or 'You must be crazy!'

Strategie! Working out meanings from context

A useful strategy to help you work out the meaning of words or expressions you don't know is to use the **context** (what the text or conversation is about). Often, other words or expressions you **do** know will help give you the meaning of the new ones.

1 💿 Hör zu! Was bedeuten die fett gedruckten Sätze?

- **Hast du was vor?**
- Ja, ich gehe einkaufen.
- Hier in Göttingen?
- Nein. **Weißt du was** – ich fahre nach Berlin.
- Was? **Bist du noch ganz dicht?** Es ist 335 Kilometer entfernt von hier!
- **Von mir aus** – ich habe viel Zeit!
- O.K. Ciao, **meld dich mal**, wenn du wieder da bist!

2 💿 Hör zu und ordne die Sätze zu!

Beispiel: b, ...

a **Von mir aus.**

b **Weißt du was?**

c **Hast du was vor?**

d **Ciao, meld dich mal!**

e **Bist du noch ganz dicht?!**

3 💬 A beginnt einen Dialog. B muss einen Satz aus Übung 1 benutzen.

Beispiel: **A** Wollen wir ins Theater gehen?
B Von mir aus.

In der Gegend

Was gibt es in …?
In … gibt es … .
Es gibt …
Hier gibt es …
    einen Park.
    eine Disko.
    eine Kegelbahn.
    ein Freibad.
    ein italienisches Eiscafé.

    ein Jugendzentrum.
    ein Kino.
    ein Sportzentrum.
    ein Theater.
    ein Hamburger-Restaurant.

In the area

What is there in …?
In … there's … .
There's …
Here there is …
    a park.
    a disco.
    a bowling alley.
    an open-air pool.
    an Italian ice-cream café.
    a youth centre.
    a cinema.
    a sports centre.
    a theatre.
    a hamburger restaurant.

Zugfahrkarten kaufen

Einmal nach … , bitte.
Einfach oder hin und zurück?
Erster Klasse oder zweiter Klasse?
Das macht … Euro.
Bitte schön.

Danke schön.
Von welchem Gleis fährt der Zug nach … ab?
Von Gleis … .
Wann fährt er ab?
Wann kommt er in … an?
Um … Uhr.
Muss ich umsteigen?
Ja, um … Uhr in Boppard.

Buying railway tickets

A single to … , please.
Single or return?
First class or second class?

That'll be … euros.
Here you are/You're welcome.
Thank you.
Which platform does the train to … go from?
From platform … .
When does it leave?
When does it arrive in …?
At … o'clock.
Do I have to change?
Yes, at … o'clock in … .

Verkehrsmittel

mit dem Auto
mit dem Bus
mit dem Rad
mit dem Zug
mit der Straßenbahn
zu Fuß

Transport

by car
by bus
by bike
by train
by tram
on foot

Umgangssprache

Weißt du was?
Ciao, meld dich mal!
Bist du noch ganz dicht?!
Hast du was vor?
Von mir aus.

Colloquialisms

Do you know what?!
Bye, stay in touch.
Are you nuts?
Have you got any plans?
It's all the same to me.

Grammatik:
★ Word order with time phrases:

	Time	Manner	Place
Ich fahre	um zehn Uhr	mit dem Zug	nach Berlin.
Gehst du	um drei Uhr	zu Fuß	nach Hause?

★ Die Uhrzeit sagen:

Es ist …/Um …	*It's/At …*
dreizehn Uhr fünfzehn.	*13.15.*
siebzehn Uhr fünfundfünfzig.	*17.55.*
usw.	siehe Seite **146, 148** ➤➤

Strategie!
★ Use context clues when listening or reading.

**Lauter Laute: ü oder u**

Cross-topic words

um … Uhr *at … o'clock* •
es gibt + Akkusativ *there is/there are*

6 Unsere Umwelt

6A Wie ist das Wetter heute?

- talk about the weather
- say what activities you do
- learn how to use *wenn*

1 🔘 **Hör zu (1–8) und sieh dir die Bilder an! Wie ist das Wetter? Was passt zusammen?**

Beispiel: **1 h**

2 📖 **Sieh dir die Bilder aus Übung 1 an und lies die Texte (1–8)! Was passt zusammen?**

Beispiel: **1 d**

Wie ist das Wetter?

1. Es ist heiß.
2. Es ist kalt.
3. Es ist windig.
4. Es ist sonnig.
5. Es ist neblig.
6. Es ist wolkig.
7. Es regnet.
8. Es schneit.

3 💬 **Wie ist das Wetter? B macht das Buch zu, A wählt vier Bilder und fragt: Wie ist das Wetter? B antwortet. A überprüft die Antworten. Dann ist B dran. Wer hat die meisten Punkte?**

Beispiel: **A** Bild b. Wie ist das Wetter?
B Es ist sehr sonnig.
A Ja, richtig – ein Punkt. Bild f. Wie ist das Wetter?
B Es ist ziemlich neblig.
A Nein, das ist falsch! Es schneit …

◀ **Strategie!** *Saying and writing more*

You can add *sehr* (very), *nicht sehr* (not very) and *ziemlich* (fairly) to the *es ist* … phrases to say a bit more about the weather, e.g. *Es ist **sehr** kalt. Es ist **nicht sehr** heiß. Es ist **ziemlich** windig.*

4 ✏️ **Wie ist das Wetter? Schreib Sätze!**

Beispiel: **1 Es regnet und es ist ziemlich kalt.**

1  +   3  +   5  +

2 +   4  +   6 Wie ist das Wetter heute bei dir?

5 💿 **Hör zu (1–4) und mach Notizen! Was machen Siglinde und Malik bei welchem Wetter? Kopiere die Tabelle und trag für jede Person die richtigen Buchstaben ein!**

	Es ist heiß.		Es ist windig.		Es regnet.		Es schneit.	
	Siglinde	Malik	Siglinde	Malik	Siglinde	Malik	Siglinde	Malik
1	–	–	–	–	e	g	–	–
2								
3								
4								

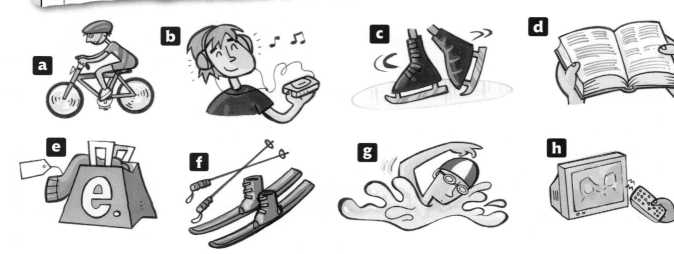

6 💬 **A ist Siglinde, B ist Malik. Stellt Fragen und beantwortet sie!**

Beispiel: **A Malik, was machst du, wenn es regnet?**
B Ich gehe schwimmen, wenn es regnet.
Und du, Siglinde, was machst du, wenn …

▲

Grammatik: *wenn*

Use the connective *wenn* to say 'if', 'when' or 'whenever'.

Ich spiele Tennis. Es ist sonnig. ⟶
*Ich spiele Tennis, **wenn** es sonnig **ist**.*   I play tennis **when** it's sunny.

What has happened to the verb in the *wenn* part of the sentence (*wenn* clause)?

Which other connective do you know that does this to the verb?

siehe Seite **146** ►►

Ich fahre Rad.
Ich spiele Eishockey.
Ich lese.
Ich gehe einkaufen.
Ich fahre Ski.
Ich gehe schwimmen.
Ich sehe fern.

7 ✏️ **Und du, was machst du am Wochenende? Schreib einen kurzen Bericht!**

Beispiel: **Ich gehe am Wochenende einkaufen, wenn es regnet, aber ich sehe fern, wenn es sehr windig und kalt ist.**

8 ✏️ **extra! Was machst du sonst? Benutze andere Aktivitäten!**

Beispiel: **Ich fahre am Wochenende Rollschuh, wenn es heiß und sonnig ist, aber …**

6B Das werde ich machen!

- talk about what you are going to do
- use the future tense
- pronounce the letters *v* and *w*

1 🔘 **Hör zu (1–6) und sieh dir die Bilder an! Welches Bild ist das?**

Beispiel: **1 b**

2 📖 **Übersetze ins Deutsche!**

Beispiel: **1 Ich werde jeden Tag zum Strand gehen.**

1 I'm going to go to the beach every day.
2 I'm going to go cycling every day.
3 I'm going to visit friends.
4 I'm going to stay at home.

Grammatik: future tense

To say that something **is going to happen** in the **future**, you need to use two verbs in German, similar to what we do in English.

- Use part of the irregular verb **werden** with an infinitive.
- Put the **infinitive** at the <u>end</u> of the sentence.

*Ich **werde** zum Strand <u>gehen</u>.*   I **am going** <u>to go</u> to the beach.
*Du **wirst** Freunde <u>besuchen</u>.*   You **are going** <u>to visit</u> friends.
*Er/Sie/(Martin/Birgit) **wird** zu Hause <u>bleiben</u>.*
He/She/(Martin/Birgit) **is going** <u>to stay</u> at home.

siehe Seite **145** ➤➤

3 🔘 **Hör zu! Welche Bilder (Übung 1, a–f) sind das?**

Beispiel: **b, ...**

4 📖 **Lies die E-Mail! Was wird jede Person in den Ferien machen? Mach Notizen auf Englisch!**

Beispiel: **Yusuf – going to America, ...; Fatima ...**

An:	Sam Ashford
Von:	Yusuf Ilgaz
Betr.:	Die Sommerferien

Hallo Sam!

Bald sind Ferien! Ich werde in den Ferien nach Amerika fliegen und ich werde meinen Cousin in Chicago besuchen. Toll! Meine Schwester Fatima wird nicht mitkommen — sie wird meine Großeltern in der Türkei besuchen. Mein bester Freund Thomas wird zu Hause bleiben, aber er wird jeden Tag Rad fahren, wenn das Wetter gut ist, oder er wird ins Sportzentrum gehen, wenn es regnet. Er ist sehr fit! Und du? Was wirst du in den Ferien machen? Schreib bald!

Dein Yusuf

5 ◌ Wie sagt man das?

Beispiel: **1 Ich werde Ski fahren, wenn es schneit.**

Grammatik: *wenn* ♻

As you saw on page 51, *wenn* means 'when' or 'whenever'. It sends the verb to the end of that part of the sentence.

*Ich bleibe zu Hause, **wenn** es kalt **ist**.*
I stay at home **when** it's cold.

The other part of the sentence doesn't have to be in the present tense – you can also use the future tense. In those sentences, *wenn* usually means 'if'.

*Ich **werde** zu Hause **bleiben**, **wenn** es kalt ist.* I'm **going to stay** at home **if** it's cold.

siehe Seite 146 ▸▸

6 ◌ Macht Dialoge!

Beispiel: **A Was wirst du am Wochenende machen, wenn es schneit?**
B Ich werde Ski fahren, wenn es schneit. Und du?

7 ✏ extra! Und du, was wirst du am Wochenende machen, wenn das Wetter gut/schlecht ist? Schreib zwei oder drei Sätze!

Beispiel: **Ich werde am Samstag einkaufen gehen, wenn es sonnig ist, aber ich werde zu Hause bleiben, wenn es regnet. Ich werde am Sonntag …**

Was wirst du machen, wenn …?
schwimmen gehen
zum Strand gehen
(nicht) nach Hamburg fahren
zu Hause bleiben
Ski fahren
Rad fahren
Freunde besuchen

8 🗣◌ Lauter Laute: v und w

v is usually pronounced the same as an 'f'.

w is usually pronounced as a 'v' sound.

Think of the correct German pronunciation of ein **f**antasticher **w**eißer **V**olks**w**agen *to remind you.*

In a few words **v** *is pronounced as a 'v' – most of these are originally foreign words like* Vase *and* Klavier.

● Hör zu und sprich nach!

Volkers freundlicher Vater wird Freitag im Freibad schwimmen gehen, wenn das Wetter warm und windig ist.

9 💿 extra! Hör zu! Schreib den Satz mit *v* und *w* richtig auf!

__olkers Freund __alther __ird mit dem __olks__agen fahren, __enn er in den __iener__ald fährt.

6C Die Umwelt stinkt!

- talk about the environment
- learn how to use some negatives
- work out the meaning of longer words

1 🔊 Hör zu (1–7)! Was passt zusammen?

Beispiel: **1 d**

Ich recycle Flaschen.
Ich recycle Zeitungen.
Ich trenne meinen Müll.
Ich kaufe Recyclingpapier.
Ich bade (oft/selten).
Ich dusche (oft/selten).
Ich fahre (immer/meistens) mit dem Bus.
Ich fahre (immer/meistens) mit dem Rad.
Ich fahre (immer/meistens) mit dem Auto.
Das ist umweltfreundlich/umweltfeindlich.

2 💬 Seht euch die Bilder aus Übung 1 an! Welcher Text passt? Ist das umweltfreundlich (😊) oder umweltfeindlich (🙁)?

Beispiel: **A** Bild f. Was machst du?
B Ich bade oft.
A Das ist umweltfeindlich.
B Bild g.
A Ich ...

Strategie! *Working out meaning*

Not sure about the meaning of some words, especially long ones? Try to work out what they are by breaking them down and using clues in the text. It also makes them easier to say!

Example: *umweltfreundlich/umweltfeindlich*

- *Welt* means 'world' and *um* means 'around', so *Umwelt* is the 'world around us' – the environment.

Die Welt
UM

- You know the word *Freund* and we're looking at opposites here, so what might *Feind* mean?

FREUND   FEIND

- What is the English equivalent of the *-lich* ending?

3 📖 **Lies die deutschen und englischen Texte! Wer spricht?**

Beispiel: **1 c Altan**

Grammatik: negatives

You've already learnt *nicht* (not) and *kein/keine/keinen* (not a, no).

Find the German for these negative expressions in the sentences in Exercise 3: never, nothing, not always.

How is *nicht* different from *nichts*?

siehe Seite **145** ➤➤

1 **2** **3** Ich recycle keine Flaschen.

Ich recycle keine Zeitungen. **4** **5** **6**

Ich kaufe kein Recyclingpapier, weil es nicht sehr billig ist.

Ich mache überhaupt nichts für die Umwelt.

Ich fahre nie mit dem Rad.

Ich trenne nicht immer meinen Müll.

a Florian does not always separate his rubbish.

d Daniela doesn't buy any recycled paper because it's not very cheap.

b Tulai doesn't recycle any newspapers.

e Kai never rides his bike.

c Altan doesn't do anything at all for the environment.

f Martina doesn't recycle any bottles.

4 💿 **Hör zu (1–6)! Sind sie umweltfreundlich (😊), umweltfeindlich (🙁) oder beides (😐)?**

Beispiel: **1 😊**

5 💬 **Was macht ihr (nicht) für die Umwelt? Kopiert die Tabelle und macht eine Umfrage in der Klasse! Tragt die Antworten in die Tabelle ein!**

Beispiel: **A** Was machst du für die Umwelt? Oder was machst du nicht?
   B Ich kaufe oft Recyclingpapier, aber ich fahre nie mit dem Rad und ich recycle selten Flaschen und Zeitungen.
   A Danke. *(Mach Kreuze in die entsprechenden Kästchen der Tabelle rechts.)*
   Und du, was machst du für die Umwelt? …

ich …	immer/oft	selten/nie
recycle Flaschen.		✗
recycle Zeitungen.		✗
kaufe Recyclingpapier.	✗	
trenne Müll.		
fahre mit dem Rad.		✗
bade.		

6 ✏️ extra! **Und du? Wie umweltfreundlich bist du? Was machst du für die Umwelt? Schreib drei oder vier Sätze! Dein(e) Partner(in) überprüft.**

Beispiel: Ich bin nicht sehr umweltfreundlich. Ich fahre oft mit dem Bus, aber ich trenne nicht immer meinen Müll …

- understand an environmental poster
- learn about environmental issues

Strategie!
Working out meaning ▶

- Use a dictionary only as a last resort.
- Use the photos to help you. (What do you think *Teich* means?)
- Look for words you know – remember, they might be joined to other words, or separated from other words (e.g. *Hausmüll, Umwelt*).
- Look for words or parts of words which are cognates or near-cognates (e.g. *Insekten, Naturschutzprojekte*).
- Use the context to work out meanings. (If you know *Tiere* and have worked out *Teich* and *Insekten*, what is the sentence about which begins *Das Wasser und die Pflanzen um den Teich …* ?

1 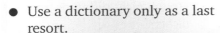 Was heißt das auf Deutsch?

1. have worked hard together
2. the home for lots of animals
3. approximately
4. in household rubbish
5. conservation projects
6. broken and old mobiles

2 Lies das Poster und beantworte die Fragen auf Englisch!

1. Who built a pond in the school grounds?
2. Name three creatures that have made their home around the pond.
3. Where do old mobiles usually end up?
4. Why is the school collecting them?
5. What is the money used for?

Umweltschutz und Umweltschmutz
Was machen wir in der Heinrich-Heine-Schule für die Umwelt?

Schüler, Lehrer und Eltern haben fleißig zusammengearbeitet. Wir haben einen Teich gebaut. Das Wasser und die Pflanzen um den Teich sind jetzt die Heimat für viele Tiere – Insekten, Vögel, Frösche usw.

Was noch?
Wir sammeln alte Handys! Warum? Rund 60 Millionen alte Handys liegen in deutschen Häusern und Büros herum – die meisten landen im Hausmüll, aber wir wollen die Handys recyceln. Die Deutsche Umwelthilfe (www.duh.de) bekommt fünf Euro pro Handy und gibt das Geld dann für Naturschutzprojekte aus. Super!

Machst du mit?
Natürlich machst du mit! Du bringst kaputte und alte Handys!

Zusammen schützen wir die Umwelt.

Vorsicht! Es gibt keine saubere Umwelt, wenn du nichts machst!

Der Teich ist fertig!

Das Wetter	**The weather**
Es ist heiß/kalt.	*It's hot/warm/cold.*
Es ist windig/neblig/wolkig.	*It's windy/foggy/cloudy.*
Es regnet.	*It's raining/It rains.*
Es schneit.	*It's snowing/It snows.*
Es ist sonnig.	*It's sunny.*

Freizeit	**Leisure**
Ich fahre Rad.	*I go cycling.*
Ich spiele Eishockey.	*I play ice hockey.*
Ich lese.	*I read.*
Ich gehe einkaufen.	*I go shopping.*
Ich fahre Ski.	*I go skiing.*
Ich gehe schwimmen.	*I go swimming.*
Ich sehe fern.	*I watch TV.*
Was wirst du machen, wenn …?	*What will you do if/when …?*
Ich werde Freunde besuchen.	*I'm going to visit friends.*
Ich werde (nicht) nach Hamburg fahren.	*I'm (not) going to go to Hamburg.*
Ich werde zu Hause bleiben.	*I'm going to stay at home.*
Ich werde zum Strand gehen.	*I'm going to go to the beach.*

Die Umwelt	**The environment**
Was machst du für die Umwelt?	*What do you do for the environment?*
Ich recycle Flaschen.	*I recycle bottles.*
Ich recycle Zeitungen.	*I recycle newspapers.*
Ich trenne meinen Müll.	*I sort my rubbish.*
Ich kaufe Recyclingpapier.	*I buy recycled paper.*
Ich bade (oft/selten).	*I (often/seldom) have a bath.*
Ich dusche (oft/selten).	*I (often/seldom) shower.*
Ich fahre (immer/meistens) mit dem Bus.	*I (always/mostly) go by bus.*
Ich fahre (immer/meistens) mit dem Rad.	*I (always/mostly) go by bike.*
Ich fahre (immer/meistens) mit dem Auto.	*I (always/mostly) go by car.*
umweltfreundlich	*environment-friendly*
umweltfeindlich	*not environment-friendly*
der Umweltschutz	*conservation, protection of the environment*
der Umweltschmutz	*pollution*

Grammatik: ♻

★ *wenn:* use the connective *wenn* to say 'if', 'when' or 'whenever'.
*Ich spiele Tennis, **wenn** es sonnig **ist**.*

★ Future tense: to say that something is going to happen in the **future**, use part of the irregular verb **werden** with an <u>infinitive</u> (at the end of the sentence).

*Ich **werde** zum Strand <u>gehen</u>.*	I **am going** <u>to go</u> to the beach.
*Du **wirst** Freunde <u>besuchen</u>.*	You **are going** <u>to visit</u> friends.
*Er/Sie/(Martin/Birgit) **wird** zu Hause <u>bleiben</u>.*	He/She/(Martin/Birgit) **is going** <u>to stay</u> at home.
*Ich **werde** zu Hause <u>bleiben</u>, wenn es kalt ist.*	I'm **going** <u>to stay</u> at home if it's cold.

★ Negatives:

nicht	not	*kein, keine,* etc.	not a, no
nicht immer	not always	*nie*	never
nichts	nothing		

siehe Seite **145, 146** ➤➤

Strategie! ♻

★ Say and write more, using *sehr, ziemlich,* etc.

★ Work out the meaning of longer words.

★ Use cognates, logic and grammatical knowledge when reading.

 Lauter Laute: v und w

 cross-topic words

(nicht) sehr *(not) very* • **ziemlich** *rather* • **wenn** *if* • **nicht** *not* • **nichts** *nothing* • **kein** *no* • **nie** *never* • **oft** *often* • **(nicht) immer** *(not) always* • **selten** *rarely*

Wiederholung

Kapitel 5 (Probleme? Siehe Seite 42–47)

1 📖 Welches Bild ist das?

Beispiel: **1 c**

1 Einmal nach Hamburg, hin und zurück.

2 Einmal einfach nach Hamburg, bitte.

3 Der Zug fährt um zehn Uhr zwanzig ab.

4 Der Zug fährt von Gleis zehn ab.

5 Sie müssen um zwanzig Uhr zehn in Köln umsteigen.

2 ✏️ Was gibt es (nicht) in Schinkenstadt?

Beispiel: **In Schinkenstadt gibt es ein Kino ..., aber es gibt keine Disko ...**

Schinkenstadt ist schön!

3 ✏️ Schreib die Sätze richtig auf!

Beispiel: **1 Ich fahre um drei Uhr mit dem Auto zum Kino.**

1 Ich fahre
2 Ich fahre
3 Du fährst
4 Ich fahre
5 Du fährst

Kapitel 6 (Probleme? Siehe Seite 50–55)

4 ✏️ Was wirst du am Wochenende machen? Schreib die Antworten auf!

Beispiel: **1 Ich werde Ski fahren, wenn es schneit.**

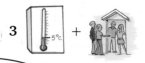

5 📖 Was passt zusammen?

Beispiel: **1 b**

1 Ich recycle Flaschen   a oder mit dem Rad.
2 Ich bade   b und Zeitungen.
3 Ich fahre mit dem Bus   c Recyclingpapier.
4 Ich fahre immer   d selten.
5 Ich kaufe nie   e Müll nicht.
6 Ich trenne meinen   f mit dem Auto.

6 📖 Sieh dir Übung 5 an! Ist das umweltfreundlich (🙂) oder umweltfeindlich (🙁)?

Beispiel: **1** 🙂

Berlin – eine Hauptstadt mit Geschichte

Die Stadt Berlin gibt es seit dem Jahre 1237! Im Jahre 1871 ist Berlin die Hauptstadt von Deutschland. Sie ist jetzt die größte deutsche Stadt mit einer Bevölkerung von etwa 3,4 Millionen.

Zwischen 1925 und 1933 ist Berlin eine sehr reiche Stadt, aber am 30. Januar 1933 beginnt eine neue Zeit mit Adolf Hitler als Kanzler. Im Zweiten Weltkrieg (1939–1945) fallen mehr als 50.000 Tonnen Bomben auf Berlin und sehr viele Gebäude werden total zerstört.

Nach dem Krieg gibt es vier Teile Berlins: das russische Viertel im Osten; das amerikanische, das französische und das britische Viertel im Westen. Sie ist nicht mehr die Hauptstadt. 1948 sperren die Sowjets Ostberlin von Westberlin ab und im August 1961 bauen die Ostberliner eine Mauer durch die Stadtmitte.

Der neunte November 1989 ist sehr wichtig – Ost- und Westberliner kommen endlich wieder zusammen und sie reißen die Mauer ab. Ab dem dritten Oktober 1990 ist Berlin wieder die Hauptstadt Deutschlands.

Das Brandenburger Tor, November 1989

Seit 1989 findet die „Love Parade" in Berlin statt. Jedes Jahr kommen ungefähr 250 Diskjockeys und tausende von jungen Leuten – sie bringen Friede und Liebe mit!

Strategie!

Using context and other clues

Look at the *Strategie!* on page 56 to help you with this text about Berlin.

1 📖 *Supply the correct numbers and dates.*

1 official date when Berlin was 'born'
2 approximate current population
3 Hitler became Chancellor
4 amount of bombs dropped on Berlin
5 number of post-war sectors in the city
6 Berlin Wall reopened
7 Berlin became German capital (two dates)
8 year when 'peace and love' came to Berlin

7 Gesundheit!

7A Das tut weh!

- ask what's wrong
- say what hurts
- express sympathy

1 💿 **Hör zu (1–6) und sieh dir die Bilder an! Wie ist die richtige Reihenfolge?**

Beispiel: **1 c**

2 📖 **Sieh dir die Bilder (a–f) noch einmal an und finde den richtigen Text (1–6)!**

Beispiel: **1 c**

Wie geht's? Was ist los?	**1** Ich habe Kopfschmerzen. **2** Ich habe Zahnschmerzen. **3** Ich habe Halsschmerzen. **4** Ich habe Magenschmerzen. **5** Ich habe Rückenschmerzen. **6** Ich habe Fieber.

3 💬 **Lest den Dialog zu zweit und macht weitere Dialoge!**

Beispiel: **A** Hallo! Wie geht's?
B Ach, nicht so gut.
A Was ist los?
B Ich habe **Kopfschmerzen**.
    Und dir? Wie geht's?
A Nicht so gut, du.
B Was ist los?
A Ich habe **Rückenschmerzen**.

4 📖 **Sieh dir das Bild von Hank an und lies die Texte! Was passt zusammen?**

Beispiel: **1** c

1 Der Arm tut weh.

2 Der Fuß tut weh.

Grammatik: weh tun

To ask what is hurting, say *Was tut weh?* (This literally means 'What makes grief?')

To say something hurts, use the phrase … *tut weh.*

Der Arm tut weh. My arm hurts.

If more than one thing is hurting, you say:

*Die Füße **tun** weh.* My feet are hurting.

Der Arm und die Hand My arm and my
   ***tun** weh.* hand are hurting.

Why do you think the verb has changed? Explain to your partner.

siehe Seite **143** ➤➤

3 Der Hals und der Kopf tun weh.

4 Der Magen und der Rücken tun weh.

5 Das Bein tut weh.

6 Die Hände tun weh.

5 💿 **Hör den Dialog mit Hanks Freundin zu! Füll die Lücken aus!**

Beispiel: **1** Hand

> Aua! Die (**1**) _____ tut weh!
> Und das (**2**) _____ tut weh. Das ist nicht gut!
> Mensch! Die (**3**) _____ tun weh.
> Ach, nein! Der Kopf und der Hals (**4**) _____ weh.
> Und der (**5**) _____ tut auch (**6**) _____ .

tun   Bein   Arm
weh   Füße   Hand

Was tut weh?	Das Bein tut weh. Die Füße tun weh.
Schade. Das ist nicht gut. Das tut mir Leid.	

6 ✏️ **Sieh dir das Bild von Herrn Lebkuchen an! Schreib einen Dialog!**

Beispiel: **Du:** Hallo, Herr Lebkuchen. Was tut weh?
Herr L: Aua! Der Arm tut weh.
Du: Das tut mir Leid!
Herr L: Danke. Die Hände tun auch weh und …

der Arm (-e)
der Fuß (Füße)
der Hals
der Kopf
der Magen
der Rücken
die Hand (Hände)
das Bein (-e)

7 💬 **Übt den Dialog zu zweit!**

7B Iss dich gesund!

- learn how to talk about healthy eating
- learn how to compare things
- learn more about how to give opinions

1 🔊 Hör zu (1–7) und lies die Texte! Füll die Lücken aus!

Beispiel: **1** a = Bananen, b = …

1 Ich esse gern Obst, zum Beispiel (**a**) _____ und (**b**) _____ . Das ist gesund.

2 Ich esse lieber Gemüse – ich esse gern (**c**) _____ und (**d**) _____ .

4 Ich esse sehr gern (**g**) _____ und ich trinke gern (**h**) _____ . Das ist ungesund!

5 Ich trinke lieber (**i**) _____ – das ist gesund.

6 Ich esse nicht gern (**j**) _____ . Das schmeckt furchtbar!

7 Ich trinke am liebsten (**k**) _____ und esse sehr gern (**l**) _____ am Sonntagnachmittag – das ist toll!

Cola

Fisch

Erbsen

Kaffee

Äpfel

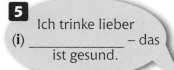
Bananen

Salat

Schokolade

Wasser

Wurst

2 💬 Macht Dialoge!

Beispiel: **A** Was isst du gern?
B Ich esse gern Erbsen, aber ich esse nicht gern Fisch. Und du?
A Ich esse lieber Karotten. Was trinkst du am liebsten? …

> Was isst/trinkst du gern/lieber/ am liebsten?
> ich esse (nicht) gern …
> ich trinke (nicht) gern …
> ich esse/trinke lieber …
> ich esse/trinke am liebsten …

Grammatik: *gern, lieber, am liebsten*

Use *gern* with a verb to say you **like** doing something; use *lieber* to say you **prefer** it and use *am liebsten* to say you **like** doing it **best of all**.

Lieber is used to compare things (the comparative) and *am liebsten* is the superlative (best of all).

Khali Kaninchen

Ich esse gern Gemüse.

Ich esse lieber Obst.

Asanti Affe

Leo Löwe

Ich esse am liebsten Fleisch!

siehe Seite **145** ➤➤

3 Ich esse am liebsten (e) _____ , aber ich esse nicht gern (f) _____ .

Fleisch

Kuchen

3 📖 **Lies Annas E-Mail! Sind die Sätze unten richtig oder falsch?**

Beispiel: 1 falsch

1 Julia ist nicht sehr gesund.   3 Anna ist kleiner.
2 Anna ist am fittesten.   4 Julia ist am kleinsten in der Klasse.

Hallo, Martin!

Es ist nicht fair! Meine beste Freundin Julia macht alles besser. Ich bin ziemlich gesund und fit, aber Julia ist gesünder und fitter. Sie ist am größten in der Klasse. Und ich … ich bin am kleinsten! (Also, nein, Martin, du bist kleiner!) Und weißt du was? Die Jungen sagen immer: Julia ist am besten! Es ist so unfair!

Anna

4 📖 **Kopiere die Tabelle und füll die Lücken aus!**
Tipp! Lies die E-Mail in Übung 3 noch einmal!

adjective	meaning	comparative	superlative
klein	*small*	kleiner	am kleinsten
fit	*fit*		am fittesten
gesund	*healthy*		am gesündesten
	big	größer	am …ten
gut		besser	

5 💬 **Wie findest du das?**

Beispiel: A Äpfel sind gesund, aber Fisch ist gesünder und Schokolade ist am gesündesten!
B Nein! Schokolade ist gut, aber …

Martin Anna Julia

gesund, gut   gesund, gut   klein, fit, groß

6 ✏️ **Und du? Was isst du? Wie fit bist du? Wer ist gesünder/fitter/… – du oder dein(e) Freund(in)? Schreib Sätze!**

Beispiel: Ich esse gern Fisch und ich bin ziemlich gesund, aber mein Freund Sean ist gesünder. Er ist kleiner, aber er ist am fittesten.

Grammatik: comparing

● To compare two things, just add -er to an adjective or adverb.
  *Anna ist **klein**, aber Martin ist **kleiner**.*

● To say something is the small**est** (the superlative), put *am* before the adjective or adverb and add -*sten* (or -*esten*) to it.
  *Anna ist **am** **klein**sten. Julia ist am **gesünd**esten.*

● Sometimes you need to add an umlaut to the adjective and there are also some irregular forms, e.g. *gut/besser/am besten.*

siehe Seite **142** ➤➤

Strategie! *Dictionary skills*

If you need to look up any food vocabulary in the dictionary, make sure you get the right word. Remember, some words have more than one meaning (pepper, roll, etc.). Check by looking at any examples the dictionary gives you and then look the word up in the German-to-English section of the dictionary, to see what meanings and examples are given.

7C Trimm dich!

- talk about healthy living
- learn how to use *um ... zu ...*
- say how often

> **Was machst du, Henning?**

> **Ich mache Yoga, um fit zu sein.**

1 💿 Hör zu und lies die Bildgeschichte!

2 📖 Was heißt das auf Deutsch?

Beispiel: 1 um fit zu sein

1 (in order) to be fit
2 I live more healthily.
3 every day
4 three times a week
5 I'm healthier.
6 I'm going swimming at the weekend.
7 to fetch my trunks

3 💿 Hör zu (1–5)! Welche zwei Bilder passen?

Beispiel: 1 c, h

Grammatik: *um ... zu ...*

To say 'in order to' (or usually just 'to'), use *um* at the beginning of a clause and *zu* with an **infinitive** at the end. (The infinitive is the part of the verb you find in a dictionary, e.g. *machen*, to do; *essen*, to eat.)

*Ich mache Yoga, **um** fit **zu** **sein**.*
I do yoga (in order) to be fit. siehe Seite **146** ➤➤

4 💿 Hör noch einmal zu! Wie oft? Kopiere die Tabelle und kreuze sie an!

Wie oft?		1	2	3	4	5
einmal pro Woche		X				
zweimal pro Woche						
dreimal pro Woche		X				
jeden Tag						

5 🗨 **Partner(in) A ist eine Persönlichkeit (Sportler, Filmstar, Superman, …). Seht euch Übungen 3 und 4 an und macht Dialoge!**

Beispiel:

> **A** (David Beckham): Was machst du, um fit zu sein?
> **B** Ich spiele Fußball.
> **A** Wie oft?
> **B** Jeden Tag.
> **A** Und was machst du, um gesünder zu leben?
> **B** Ich trinke viel Wasser.

6 ✏️ **Du bist eine andere Persönlichkeit! Was machst du, um gesünder zu leben? Schreib zwei oder drei Sätze! Dein(e) Partner(in) überprüft.**

Beispiel: **Ich bin (Name). Ich mache Yoga und ich esse keine Wurst, um gesünder zu leben. Ich spiele zweimal pro Woche Tennis, um fit zu sein. Ich fahre auch jeden Tag Rad.**

---

ich spiele Tennis/Fußball/…
ich gehe schwimmen
ich fahre Rad
ich mache Yoga
ich tanze
ich jogge

jeden Tag
einmal/zweimal/dreimal pro Woche

um fit zu sein
um gesünder zu leben

7D Rauchen? Nein, danke!

- learn how to follow a discussion
- learn how to understand opinions

Strategie! ▶

Working out meaning

To help you understand the texts, look for key words, near-cognates (e.g. *Zigaretten*) and small words (e.g. *nicht*), etc. When listening, remember that the speaker's tone of voice can often help you understand their feelings or opinions.

A Zu viele Schüler rauchen. Das finde ich schlimm.

B Viele Freunde finden Rauchen cool, aber ich nicht. Ich bin Nichtraucher, weil Rauchen so ungesund ist.

C Rauchen stinkt! Das ist meine Meinung! Und Zigaretten sind zu billig, finde ich.

D Jeder darf rauchen, wenn er will. Das ist meine Meinung.

E Ich habe einmal geraucht und das war furchtbar! Es ist ungesund.

F Ich bin Raucher. Ich rauche drei Zigaretten pro Tag und ich finde das nicht ungesund.

1 Hör zu (A–F) und lies das Internet-Forum für Jugendliche! Wie viele sind für das Rauchen? Wie viele sind dagegen? Mach eine Liste!

Beispiel:

für	gegen
	A, ...

> Ich finde Rauchen (nicht) cool/ (un)gesund/...
> Ich meine, Rauchen ist doof/gesund/...
> Das ist meine Meinung.
> Das finde ich.

2 💬 Und du? Was meinst du? Welche Meinung passt am besten? Erzähl deinem Partner/deiner Partnerin!

Beispiel: **Ich finde Rauchen nicht cool. Und du? Was meinst du?**

3 ✏️ Schreib deine Meinung über Rauchen! Benutze Wörter auf dieser Seite!

Krankheit und Gesundheit — *Illness and health*

Wie geht's?	*How are you?*
Nicht so gut.	*Not very well.*
Was ist los?	*What's wrong with you?*
Ich habe Kopfschmerzen.	*I've got a headache.*
Ich habe Magenschmerzen.	*I've got stomach-ache.*
Ich habe Rückenschmerzen.	*I've got backache.*
Ich habe Zahnschmerzen.	*I've got toothache.*
Ich habe Halsschmerzen.	*I've got a sore throat.*
Ich habe Fieber.	*I've got a temperature.*
Der Fuß/Der Arm tut weh.	*My foot/arm hurts.*
Die Hand/Das Bein tut weh.	*My hand/leg hurts.*
Die Füße tun weh.	*My feet hurt.*
Schade.	*That's a shame.*
Das ist nicht gut.	*That's not good.*
Das tut mir Leid.	*I'm sorry about that.*
Was tut weh?	*What's hurting?*

Gesundes Essen — *Healthy eating*

Was isst/trinkst du gern?	*What do you like eating/ drinking?*
Was magst du?	*What do you like?*
Ich esse (nicht) gern Fisch.	*I (don't) like eating fish.*
ich trinke (nicht) gern Kaffee.	*I (don't) like drinking coffee.*
Ich esse lieber Salat.	*I prefer eating salad.*
Ich esse am liebsten Schokolade.	*I like eating chocolate best of all.*
klein, kleiner, am kleinsten	*small, smaller, smallest*
gesund, gesünder, am gesündesten	*healthy, healthier, healthiest*
gut, besser, am besten	*good, better, best*

Gesundes Leben — *Healthy living*

Ich spiele Tennis/Fußball/…	*I play tennis/football/…*
Ich gehe schwimmen.	*I go swimming.*
Ich fahre Rad.	*I cycle.*
Ich mache Yoga.	*I do yoga.*
Ich tanze.	*I dance.*
Ich jogge.	*I jog.*
um fit zu sein	*(in order) to be fit*
um gesünder zu leben	*(in order) to live more healthily*
Wie oft?	*How often?*
einmal/zweimal/dreimal pro Woche	*once/twice/three times a week*
jeden Tag	*every day*

Meinungen — *Opinions*

Ich finde Rauchen (nicht) cool/(un)gesund/…	*I find smoking (un)cool/ (un)healthy/…*
Ich meine, Rauchen ist doof/gesund/…	*I think smoking is stupid/healthy/…*
Das ist meine Meinung.	*That's my opinion.*
Das finde ich.	*That's what I think.*

Grammatik:

★ *weh tun:* saying what hurts.
  *Der Arm **tut** weh. Die Füße **tun** weh.*

★ Comparing: using the comparative and superlative.
  klein, kleiner, am kleinsten

★ *um … zu …:* using *um … zu …* to say '(in order) to'.
  *Ich jogge, **um** fit **zu** sein.*

siehe Seite **142,143,146** ➤➤

um … zu … in order to • **ich meine/das ist meine Meinung** *I think/that's my opinion* • **ich finde/das finde ich** *I think/that's what I think* • **gern, lieber, am liebsten** *like, prefer, like best of all* • **klein, kleiner, am kleinsten** *small, smaller, smallest* • **gut, besser, am besten** *good, better, best* • **viel** *much, many* • **einmal, zweimal …** *once, twice …*

Strategie!

★ Use a dictionary to find the correct German for a word.

★ Work out meaning and listen for tone of voice.

8 Austauscherlebnis

8A Gute Reise – schlechte Reise!

- describe a journey
- say what it was like
- learn more about the perfect tense

Wie war die Reise? Was hast du unterwegs gemacht?	
Ich bin …	mit dem Zug/Bus gefahren. mit dem Flugzeug geflogen. aufs Klo gegangen.
Ich habe …	nichts gemacht. eine Zeitschrift gekauft. ein Buch gelesen. Chips/einen Apfel gegessen. CDs gehört. Apfelsaft getrunken. mit meinem Gameboy gespielt. Belgien gesehen.
Es war …	gut/toll/nicht schlecht/ furchtbar.

1 Ulrike **2** Andreas **3** Jan-Carl **4** Ilse **5** Gudrun **6** Engin **7** Torsten

1 💿 **Deutschlandaustausch! Hör zu (1–7)! was passt zusammen?**

Beispiel: **1 c**

2 💬 **Macht Interviews über Reisen, die ihr gemacht habt!**

Beispiel: **A** Wie war die Reise?
B Ich bin mit dem Zug gefahren. Es war nicht schlecht.
A Was hast du unterwegs gemacht?
B Ich habe mit meinem Gameboy gespielt. Und du?
A Ich …

3 ✏️ **Schreib Sätze über eine Reise! Sag, wie sie war und was du unterwegs gemacht hast! Benutze *und*, *aber* usw!**

Beispiel: **Ich bin mit dem Zug nach Deutschland gefahren. Unterwegs habe ich Apfelsaft getrunken und eine Zeitschrift gekauft … . Es war …**

◄ **Grammatik: the perfect tense**

- You use the perfect tense to describe what you did.
- Most verbs use *haben* in the perfect tense and have a past participle which begins with *ge-* and ends in *-t* or *-en*.
  Ich habe … gekauft.   I bought … .
  Ich habe … getrunken.   I drank … .
- A small number of verbs use *sein* in the perfect tense.
  *Ich **bin** … geflogen.*   I flew.
  *Ich **bin** … gegangen.*   I went.

siehe Seite **144** ►►

4 a 🔊 **Hör zu und lies mit! Ordne dann die Bilder!**

Beispiel: d, …

Hi, Neil! Wie war die Reise? Was hast du unterwegs gemacht? Und … wo ist dein Koffer?

Die Reise war furchtbar …

a München

Der Zug ist zu spät in München angekommen …

b

Ich habe meinen Koffer im Zug vergessen!

c

Die Reise hat keinen Spaß gemacht. Es war langweilig …

d

Der Zug ist zu spät abgefahren …

e

Ich habe mein Handy verloren …

f

Das Wetter war furchtbar – es war sehr windig …

4 b ✏️ **Was heißt auf Deutsch …?**

Beispiel: **1 Der Zug ist zu spät abgefahren.**

1 The train left late.
2 I lost my mobile phone.
3 The journey was no fun.
4 I left my suitcase on the train.
5 The train arrived late in Munich.
6 It was very windy.

Grammatik: perfect tense of separable verbs and verbs starting with *ver-*

To make the perfect tense of the separable verbs *ab*fahren and *an*kommen:

● use part of the verb *sein* (e.g. *ist*);
● put *-ge-* between the **prefix** (*ab-/an-*) and the rest of the verb.

*Der Zug **ist** ab**ge**fahren.*

*Der Zug **ist** an**ge**kommen.*

Verbs that start with *ver-* don't add ge- in the perfect tense:

*Ich habe mein Handy **ver**loren.*

siehe Seite **144** ➤➤

5 a 💬 **Sieh dir die Bilder aus Übung 4a noch einmal an und beschreib eine Reise! Die Ausdrücke unten können dir helfen.**

Beispiel: **Der Zug ist zu spät von London abgefahren …**

Zug – spät   nichts gemacht   Handy verloren

Koffer vergessen   Reise – langweilig   Wetter furchtbar

5 b ✏️ extra! **Ändere die Beschreibung aus Übung 5a, um eine andere Reise zu beschreiben!**

Beispiel: **Der Bus ist zu spät von Nottingham abgefahren … . Das Wetter war sehr kalt …**

8B Reich mir bitte die Soße

- find out about typical German meals
- know what to say at mealtimes
- learn to use imperatives

1 a 📖 Sieh dir die Bilder und die Wörter an! Was passt zusammen?

Beispiel: 1 f

1 Bohnen	6 Kartoffeln
2 Erbsen	7 Möhren
3 Hähnchen	8 Quark
4 Zwiebelsuppe	9 Schweinekoteletts
5 Schwarzwälder Kirschtorte	10 Tomatensuppe

1 b 💬 💿 Wie sagt man das? Rate mal und hör dann zu! Hattest du Recht?

Bohnen

Erbsen

Hähnchen

Möhren

Quark

Kartoffeln

Zwiebelsuppe

2 💿 Was gibt's zum Mittagessen? Hör zu und wähl jeweils *a* oder *b*.

Beispiel: 1 b

1 a) Zwiebelsuppe   b) Tomatensuppe
2 a) Hähnchen   b) Schweinekoteletts
3 a) Möhren   b) Kartoffeln
4 a) Schwarzwälder Kirschtorte   b) Quark

Ich habe Hunger.
Was gibt's zum Mittagessen?
Und danach/als Nachtisch?
Danach/Als Nachtisch haben wir …
Lecker!

3 ✏️ Mach Listen! Zum Beispiel, was isst du gern? Was isst du nicht gern? Was gibt's zum Mittagessen? Usw.

Beispiel: **Ich esse gern/nicht gern/am liebsten …**
Erbsen
Hähnchen
Kartoffeln
Schwarzwälder Kirschtorte
Schweinekoteletts

4 💬 Jetzt macht eure eigenen Dialoge! Benutzt die Bilder aus Übung 1a oben!

Beispiel: A Was gibt's zum Mittagessen?
B Heute haben wir Hähnchen. Isst du gern Hähnchen?
A Ja, aber ich esse am liebsten Rindfleisch.
B Danach haben wir …
A … . Und als Nachtisch?
B …

5 🔘 📖 **Hör zu und lies! Harry ist in Deutschland angekommen. Er isst bei seiner Gastfamilie.**

Frau Fischer:	Reich mir bitte **die Bohnen**, Harry.
Harry:	Bitte schön. Und geben Sie mir **die Möhren**, bitte.
Frau Fischer:	Hier – die Möhren.
Karl:	Tina, gib mir bitte **die Schweinekoteletts**.
Tina:	Bitte schön.
Harry:	Frau Fischer, möchten Sie noch etwas essen?
Frau Fischer:	Ja, gib mir **die Schwarzwälder Kirschtorte**, bitte.
Harry:	Bitte schön … und reichen Sie mir bitte **den Quark**.
Frau Fischer:	Hier … bitte schön.

◀ **Strategie!** *Changing* der *to* den *in the accusative case*

Remember that *der* becomes *den* when the word it is with (here, *der Quark*) is the **object** of the sentence.

6 📖 **Lies den Dialog und ordne die Bilder!**

Beispiel: b, …

Grammatik: imperatives

The **imperative** is used for giving **orders** or **commands** (e.g. go away, come here).

Why do you think there are two versions of the German for 'pass me' and 'give me' in the dialogue in Exercise 5 above?

The *du* form imperative is the *du* form of the verb, but without the word *du* and the -*st* ending from the verb, e.g. *du gibst* (you give) ➞ *gib* (give).

The *Sie* form imperative is the *Sie* form of the verb, but with the two words reversed, e.g. *Sie geben* (you give) ➞ *Geben Sie* (give).

7 📖 **Lies die Dialoge noch einmal! Was passt zusammen?**

Beispiel: 1 e

1 *Pass me …* (*said to a younger person*)
2 *Pass me …* (*said to an older person*)
3 *Give me …* (*said to a younger person*)
4 *Give me …* (*said to an older person*)
5 *Here you are.*

a Bitte schön.
b Geben Sie mir …
c Reichen Sie mir …
d Gib mir …
e Reich mir …

du form		*Sie* form	
du reichst	reich	Sie reichen	reichen Sie
du gehst	geh	Sie gehen	gehen Sie
du fährst	fahr	Sie fahren	fahren Sie

siehe Seite **146** ➤➤

8 📖 **Wähl jeweils a oder b!**

Beispiel: 1 a

1 **a)** Reich   **b)** Reichen   mir bitte die Butter.
2 **a)** Geh   **b)** Gehen   Sie geradeaus.
3 **a)** Fahren   **b)** Fahr   die erste Straße links.
4 **a)** Gib   **b)** Geben   Sie mir das Wasser, bitte.

9 ✏️ **Ändere jetzt die fett gedruckten Wörter im Dialog oben (Übung 5), um deinen eigenen Dialog zu machen!**

Beispiel: **Martin:** Reich mir bitte die Möhren.
Peter: …

10 🗣️💬 **Lauter Laute: „sch" oder „ch"?**

● Hör zu und sprich nach!

Reich mir das Rindfleisch, die Schweinekoteletts, das Hähnchen und danach die Schwarzwälder Kirschtorte, bitte.

8C Was meinst du?

- talk about buying presents
- learn how to report what people said
- learn how to use *dass*

eine Tafel Schokolade

CDs

ein Bierkrug

Plüschtiere

Bücher

eine Tüte Bonbons

eine Baseballmütze

Pralinen

1 a 🔵 **Hör zu (1–8)! Welches Geschenk ist das?**

Beispiel: **g, …**

1 b 🔵 **Hör noch einmal zu! Wer bekommt was?**

Beispiel: **1 Mutter**

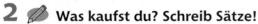

> Bruder   Mutter   Onkel
> Tante   Schwester   Oma
> Vater   Opa

2 ✏️ **Was kaufst du? Schreib Sätze!**

Beispiel: **Ich kaufe … für meinen Bruder/Vater …**
… für meine Schwester/Tante …

3 🔵 **Wer meint was? Hör zu und füll die Tabelle aus!**

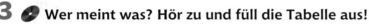

		gutes Geschenk	schlechtes Geschenk
1	Peter	a	
2	Magda		
3	Miriam		
4	Sven		
5	Ingrid		
6	Trudi		

4 📖 **Ordne die Sätze richtig ein!**

Beispiel: **1 Ich meine, dass CDs ein schlechtes Geschenk sind.**

1 Ich meine, CDs dass ein Geschenk schlechtes sind.
2 Ich denke, dass gutes Plüschtiere sind ein Geschenk.
3 Er sagt, Bonbons dass sind ein Geschenk gutes.
4 Sie meint, dass ein Geschenk ist schlechtes Schokolade.

◀ **Grammatik: *meinen, sagen, denken + dass***

To say what you or other people **think** or **say**, you can use the verbs *meinen, denken* or *sagen*, followed by a comma and then *dass*. The **verb** in the second part of the clause goes to **the end**.

*Ich denke, **dass** ein Bierkrug ein schlechtes Geschenk **ist**.*

*Er sagt, **dass** Schokolade ein tolles Geschenk **ist**.*

*Sie meint, **dass** Plüschtiere langweilig **sind**.*

siehe Seite **146** ➤➤

5 a ✏️ 💬 **Wie findest du die verschiedenen Geschenke? Bilde Sätze! Lies sie dann deinen Freunden/Freundinnen vor!**

Beispiel: **Ich denke, dass Schokolade ein tolles Geschenk ist!**

> Ich meine, dass ... ein schlechtes Geschenk ist.
> Ich denke, dass ... ein tolles Geschenk sind.

◀ **Strategie!** *Using* **ist** *and* **sind** *for 'is' and 'are'*

Use *ist* (is) when referring to one thing (e.g. a bar of chocolate) and *sind* (are) when referring to more than one thing (e.g. sweets).

5 b ✏️ **Was meinen deine Freunde? Schreib Sätze!**

Beispiel: **Paul meint, dass ein Bierkrug ein schlechtes Geschenk ist.**

... meint, dass ...	... *thinks that* ...
... sagt, dass ...	... *says that* ...
... denkt, dass ...	... *thinks that* ...

... ein gutes/schlechtes/furchtbares/tolles Geschenk ist.
... *is a good/bad/awful/great present*

6 📖 **Lies Katjas E-Mail an ihre Schwester Anna! Richtig oder falsch?**

Beispiel: **1 richtig**

1 Katja meint, dass ein Plüschtier ein schlechtes Geschenk für Beate ist.

2 Sie sagt, dass Beate keine Plüschtiere hat.

3 Sie meint, dass ihr Vater zu alt ist.

4 Sie sagt, dass sie ein Buch für ihre Mutter kauft.

5 Sie denkt, dass das Buch ein schlechtes Geschenk ist.

6 Sie sagt, dass sie nie Schnaps für ihren Großvater kauft.

An:	Anna Kärcher
Von:	Katja Kärcher
Betr.:	Geschenkideen

Liebe Anna,

hier in Luzern macht es Spaß, aber was für Geschenke kann ich für die Familie kaufen? Beates Plüschtier ist ein schlechtes Geschenk (sie hat schon 300 Plüschtiere!) und ich kaufe nichts für Vati (er ist zu alt – schon 48!). Für Mutti kaufe ich ein Buch über Luzern (ein gutes Geschenk!) und für Oma kaufe ich Pralinen. Sie mag gern Pralinen und das ist auch ein gutes Geschenk. Für Opa kaufe ich wie gewöhnlich Schnaps! Das ist ein schlechtes Geschenk, aber ich habe keine bessere Idee. Was meinst du? Und was möchtest du selber?

Schreib bald zurück!

Deine Katja

> Schnaps – *a German alcoholic drink, like brandy*

8D Schlag's mal nach!

- learn how to use a bilingual dictionary
- learn how to choose the correct word in a dictionary

1 📖 *Now see if you can work out the correct German words for the following.*

a chain

b car sticker

ATOMKRAFT-NEIN DANKE

c ring

d picture

e badge

2 🖊 *Finally, copy out these sentences using the words you have just looked up in the gaps.*

Beispiel: Ich mag die _____Kette_____ **gern. Sie ist aus Gold.**

1 Ich mag die _____ gern. Sie ist aus Gold.

2 Das ist ein _____ von meinem Haus.

3 Ich habe einen _____ von Britney Spears.

4 Magst du meinen neuen _____? Er ist aus Silber.

5 Es gibt einen _____ auf unserem Auto.

◀ **Strategie!** *Using a bilingual dictionary*

When you look up a word in the **English-German** part of a dictionary, the word can often be translated in more than one way.

For example, imagine that you would like to get a beer mug as a souvenir for your dad, and you look up the word 'mug' in the dictionary. Here's the entry:

> **mug**[1], *s.* der Krug, Becher
>
> **mug**[2], 1. *s.* (*sl*) der Schnabel, das Maul; (*sl*) der Tölpel, Trottel.
> 2. *v.i.* (*sl*) büffeln. 3. *v.t.* überfallen

Do any of the words listed above look like a word or part of a word you learnt on page 73?

Here's what the numbers and symbols tell you:

- mug[1] – the 1 here tells you there are two main meanings and this is the first.

- *s.* – this tells you that the words listed are **nouns**. Nouns are usually listed with der, die or **das** to show their **gender**.

- (*sl*) – this tells you that this meaning is a slang word.

- *v.i.* or *v.t.* tell you that the word is a verb.

'Mug' can be a noun ('the beer is in the mug'), or a verb ('she was mugged'). We want the noun ('I'd like **a** beer mug for my dad'), but which of the nouns listed do we want?

To find this out, look up each of the words in the **German-English** section of the dictionary. How is the word translated into English? Are any examples given which might help you to check whether you've got the right German word? By checking in this way, you can see that the word you want is *Krug*.

Eine Reise beschreiben

Describing a journey

Ich bin …
   mit dem Zug/Bus gefahren.
   mit dem Flugzeug geflogen.
   aufs Klo gegangen.
Ich habe …
   nichts gemacht.
   eine Zeitschrift gekauft.
   ein Buch gelesen.
   Chips/einen Apfel gegessen.
   CDs gehört.
   Apfelsaft getrunken.
   mit meinem Gameboy
     gespielt.
   Belgien gesehen.
Der Zug ist zu spät abgefahren/
   angekommen.
Ich habe mein Handy verloren.
Ich habe meinen Koffer im Zug
   vergessen.
Die Reise hat keinen Spaß
   gemacht.
Das Wetter war furchtbar.
Es war …
   gut/toll/nicht schlecht/
   langweilig/sehr windig.

I …
   travelled by train/bus.
   flew in a plane.
   went to the loo.
I …
   didn't do anything.
   bought a magazine.
   read a book.
   ate crisps/an apple.
   listened to CDs.
   drank apple juice.
   played with my Gameboy.

   saw Belgium.
The train left/arrived late.

I lost my mobile.
I left my suitcase on the train.

The journey was no fun.

The weather was terrible.
It was …
   good/great/not bad/
   boring/very windy.

Zu Hause essen

Eating at home

der Quark — quark (soft fromage frais-type dessert)

die Schwarzwälder Kirschtorte — Black Forest gateau
die Zwiebelsuppe — onion soup
die Tomatensuppe — tomato soup
das Hähnchen — chicken
die Bohnen (pl) — beans
die Erbsen (pl) — peas
die Kartoffeln (pl) — potatoes
die Möhren (pl) — carrots
die Schweinekoteletts (pl) — pork chops
Ich habe Hunger. — I'm hungry.
Was gibt's zum Mitagessen? — What's for lunch?
Als Nachtisch … — For dessert …
Lecker! — Delicious!
Reichen Sie/Reich mir (bitte) … — Pass me … (please).
Geben Sie/Gib mir (bitte) … — Give me … (please).
Bitte schön. — Here you are.

Geschenke

Gifts

der Bierkrug — beer mug
die Tafel — bar, slab
die Schokolade — chocolate
die Tüte — bag
das Plüschtier — cuddly toy
das Buch — book
die CDs (pl) — CDs
die Bonbons (pl) — sweets

Grammatik: ♻

★ Perfect tense: to make the pefect tense of a verb in German, use the verb *haben* or *sein*, and a past participle (which usually begins with *ge-* and ends in *-t* or *-en*) at the end of the sentence.
*Ich **habe** eine Zeitschrift **gekauft**.*
With separable verbs, the *-ge-* goes in between the prefix and the verb.
*Das Zug ist zu spät ab**ge**fahren.*
Verbs which start with *ver-* do not add *ge-* in the perfect tense.
*Ich habe mein Handy **ver**loren.*

★ Imperatives: the **imperative** is used for giving **orders** or **commands** (e.g. go away, come here). There are two main imperatives in German: the polite (*Sie*) form and the familiar (*du*) form.

familiar	polite
reich	reichen Sie
gib	geben Sie

★ Reporting opinions: to report opinions, use the verbs *meinen*, *denken* or *sagen*, followed by a comma and then *dass*. The **verb** in the other part of the clause will have to go to **the end**.
*Er sagt, **dass** CDs ein furchtbares Geschenk **sind**.*

siehe Seite **144, 146** ➤➤

Strategie! ♻

★ Change *der* to *den* in the accusative case.

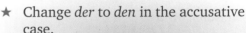

★ Use *ist* and *sind* for 'is' and 'are'

★ Learn to use detail in a bilingual dictionary and cross-check in the German-English section

🗣️💬 **Lauter Laute: „sch" oder „ch"**

cross-topic words

dass that • **ab-, an-** • **bitte** please • **danke** thank you • **bitte schön** you're welcome

Wiederholung

Kapitel 7 (Probleme? Siehe Seite 60–65)

1 ✏️ **Sieh dir die Bilder an und schreib Sätze!**

Beispiel: **1 Die Hand tut weh.**

2 ✏️ **Was ist gesund? Was ist nicht gesund? Schreib G oder NG!**

Beispiel: **1 G**

1 Ich mache Yoga, um fit zu sein.
2 Ich esse viel Fast-Food.
3 Ich trinke keine Cola.

4 Ich spiele viermal pro Woche Tennis.
5 Ich fahre nie Rad.
6 Ich gehe gar nicht schwimmen.

Kapitel 8 (Probleme? Siehe Seite 68–69, 72–73)

3 ✏️ **Schreib die Sätze richtig auf!**

Beispiel: **1 Ich bin mit dem Flugzeug geflogen.**

1 bin dem Flugzeug geflogen Ich mit
2 gegessen habe Ich Chips
3 eine gekauft habe Ich Zeitschrift
4 zu abgefahren Der ist spät Zug
5 Gameboy gespielt habe Ich meinem mit
6 bin gegangen Ich aufs Klo

4 📖 **Lies die Postkarte! Was passt zusammen?**

Beispiel: **1 d**

> Liebe Mutti,
>
> es macht viel Spaß hier auf Sylt und ich habe tolle Geschenke für die Familie gefunden! Ich kaufe einen Bierkrug für Opa und ein Buch über Sylt für Oma, und für Tante Margrit kaufe ich Pralinen. Für Vati kaufe ich eine Flasche Schnaps, und für Lotte und Benno kaufe ich Plüschtiere. Und was bringe ich für dich? Das ist ein Geheimnis …
>
> Deine Ursel

1 Opa
2 Lotte und Benno
3 Vati
4 Tante Margrit
5 Oma

a Pralinen
b Schnaps
c
d
e Insel Sylt

Ganz Leipzig träumt von den Olympischen Spielen

Leipzig hat sich um die Olympischen und Paralympischen Spiele 2012 beworben. Hier reden Jugendliche in einem Leipziger Sportgymnasium über die Spiele.

LEIPZIG 2012

Christa, 16 Jahre, ist Turnerin. „Hamburg, Frankfurt, Düsseldorf und Stuttgart waren geschlagen und Leipzig der Kandidat für Olympia", sagt sie. „Als Leistungssportlerin identifiziert man sich mit seiner Stadt. Ich bin hier geboren und wünsche Leipzig den Erfolg."

Christian, Flossenschwimmer: Seine Disziplin steht noch nicht im Programm.

Christian, 17 Jahre, ist Flossenschwimmer. An den Füßen tragen die Schwimmer eine Monoflosse. „Wie Arielle, die Meerjungfrau", erklärt Christian lachend. Das Flossenschwimmen ist seit 1986 olympische Disziplin, aber steht noch nicht im Programm. Vielleicht in Leipzig ...

Stefan, 14 Jahre, ist Judoka. Im Moment geht Stefan in die 8. Klasse. Er fährt jeden Morgen mit der Straßenbahn 45 Minuten bis zum Sportgymnasium. Viele seiner Mitschüler sind ebenfalls Judokas. „Wir trainieren fünfmal in der Woche", sagt er.

Christa, Turnerin: Wünscht Leipzig den Erfolg.

Stefan, Judoka: Trainiert fast jeden Tag.

Torsten, 16 Jahre, ist seit drei Jahren Radrennfahrer. „Radrennen macht Spaß", sagt Torsten. Jetzt fährt er Straßenrennen und Mannschaftsverfolgung auf der Bahn. 2003 war sein erstes Wettkampfjahr. „Die Saison ist ganz gut gelaufen. Ich mache aber noch Fehler."

Torsten, Radrennfahrer: Er träumt von den Olympischen Spielen in Leipzig.

1 Lies die Texte! Wer ist das?

Beispiel: **1 Christian**

1 Wer sieht wie Arielle, die Meerjungfrau, aus?
2 Wer ist in Leipzig geboren?
3 Wer wünscht Leipzig den Erfolg?
4 Wer fährt gern Rad?
5 Wer fährt jeden Morgen mit der Straßenbahn?
6 Wer trainiert fünfmal in der Woche?
7 Wer macht noch Fehler?
8 Wer trägt eine Monoflosse?

hat sich beworben *– has made a bid for*
der Turner/die Turnerin *– gymnast*
geschlagen *– beaten*
die (Mono)Flosse *– flipper, fin*
aussehen (sieht ... aus) *– to look (like)*
die Meerjungfrau *– mermaid*
der/die Mitschüler(in) *– schoolmate*

Aus: JUMA 2/2004, Christian Vogeler, www.juma.de

9 Ich und andere

9A Cool oder arrogant?

- describe people's personalities
- discuss their good and bad qualities
- use a range of adjectives

ab und zu	now and then
etwas	rather, quite
ziemlich	rather, quite
ein bisschen	a bit
sehr	very
arrogant	arrogant
cool	cool
faul	lazy
fleißig	hard-working
hilfsbereit	helpful
launisch	moody
schüchtern	shy
nervig	irritating
sympathisch	likeable, nice
witzig	'fun', jolly

Wolfgang

> Ich bin hilfsbereit, aber sehr launisch.

1 💿 **Hör zu (1–5) und lies die Texte! Wer spricht?**

Beispiel: **1 Anna**

> Ich bin fleißig, aber ab und zu bin ich nervig.

Markus

> Ich bin sympathisch, aber ein bisschen faul!

2 📖 **Who says that she/he is …**

Beispiel: **1 Markus**

1 … a bit lazy?
2 … quite arrogant?
3 … very moody?
4 … hard-working?
5 … rather shy?

Sybille

Anna

3 📖 💿 **Lies die Texte noch einmal und hör zu (1–5)! Freunde reden über Wolfgang, Sybille, Markus, Anna und Barbara. Was ist anders?**

Beispiel: **Wolfgang:** ~~hilfsbereit~~ cool

> Ich bin witzig, aber ziemlich schüchtern.

Grammatik: *sein* (to be)

ich bin	I am
du bist	you are
er ist/Hans ist	he is/Hans is
sie ist/Gretchen ist	she is/Gretchen is
	siehe Seite **143** ➤➤

Barbara

> Ich bin cool, aber etwas arrogant.

▼

4 💬 **Stellt Fragen über die Leute in Übung 1!**

Beispiel: **A** Wie findest du Markus?
B Er ist sympathisch, aber ein bisschen faul. Und wie findest du Anna?

5 ✏️ **Wie sind sie? Vervollständige einen Satz für jede Person!**

a Frank ist ziemlich _cool_ .

b Hilda ist …

c Albert ist …

d Yildiz ist …

e Ingo ist …

f Cordula ist …

6 📖 **Lies die Texte! Richtig oder falsch?**

Beispiel: **1 richtig**

1 Ulrikes Mutter ist hilfsbereit.

2 Ihr Vater ist launisch.

3 Manfred findet seinen Vater sympathisch.

4 Er findet seinen Bruder witzig.

5 Dorothea findet ihren Großvater faul.

6 Ihre Schwester ist witzig und hilfsbereit.

7 ✏️ **Schreib drei Sätze über berühmte Leute! Benutze *Ich finde/meine/denke, dass* …! Achtung! Wortstellung!**

Beispiel: **Ich denke, dass Ozzie Osbourne sehr interessant ist, aber er ist …**

Mein Vater ist witzig und sympathisch, aber ich finde, dass meine Schwester etwas launisch ist. Meine Mutter ist hilfsbereit und sie macht fast alles für uns.

Ulrike, 15

Meine Mutter ist etwas nervig und manchmal launisch, aber ich denke, dass mein Vater sympathisch ist und meine Geschwister cool sind – mein Bruder ist witzig und meine Schwester ist hilfsbereit.

Manfred, 16

Meine Familie ist meistens toll. Mein Großvater ist witzig und ich finde, dass meine Mutter und Vater beide sympathisch sind. Nur meine Schwester finde ich schüchtern und arrogant.

Dorothea, 17

9B Pflichte und Rechte

- say what you are allowed to do at home
- talk about school rules
- understand *müssen* and *dürfen* in the imperfect tense

1 a  Hör zu (1–6) und ordne die Bilder ein!

Beispiel: **f, …**

Ich muss jeden Tag abwaschen.

Ich darf nicht spät nach Hause kommen!

Ich muss jede Woche mein Zimmer aufräumen.

Ich darf keine laute Musik hören.

Ich muss ab und zu Staub saugen.

Ich muss früh ins Bett gehen.

1 b  Hör noch einmal zu! Sind ihre Eltern streng oder nicht streng?

Beispiel: **1 Streng**

Ich muss	früh ins Bett gehen.	I must	go to bed early.
	(ab und zu) Staub saugen.		hoover (now and then).
	(jeden Tag) abwaschen.		wash up (every day).
	mein Zimmer aufräumen.		tidy my room.
Ich darf	(nicht) (sehr) spät nach Hause kommen.	I am (not) allowed to	stay out (very) late.
	(keine) laute Musik hören.		listen to loud music.
Mein (Stief-)Vater ist		My (step)father is	
Meine (Stief-)Mutter ist	(nicht) sehr/so/zu streng.	My (step)mother is	(not) very/so/too strict.
Meine Eltern sind		My parents are	

2 📖 Füll die Lücken aus!

Beispiel: **1 muss**

1 Ich _____ Staub saugen.
2 Ich _____ nicht spät nach Hause kommen.
3 Ich _____ früh ins Bett gehen.
4 Ich _____ jeden Tag abwaschen.
5 Ich _____ keine laute Musik hören.

Grammatik: *müssen* and *dürfen*

To say 'must' or 'have to', you use *müssen*.
To say 'allowed to', you use *dürfen*.
To say 'mustn't' or 'not allowed to', you **always** use *dürfen* and a **negative**:
Ich darf nicht spät nach Hause kommen.
Ich muss jede Woche Staub saugen.

siehe Seite **143** ➤➤

3 🗨 Sind eure Eltern streng? Macht Dialoge und sagt warum!

Beispiel: **A Sind deine Eltern streng?**
         B Nein, sie sind nicht streng. Ich darf spät in die Disko gehen. Und du, sind …?

4 a 📖 Und auf der Schule? Lies die Sätze und sieh dir die Bilder an! Was passt zusammen?

Beispiel: **1 c**

1 Ich darf nicht aus der Schule gehen.
2 Ich muss pünktlich ankommen.
3 Ich darf kein Handy ins Klassenzimmer bringen.

4 Ich muss ruhig arbeiten.
5 Ich darf im Klassenzimmer nicht essen.
6 Ich muss die Hausaufgaben pünktlich machen.

4 b 💿 Hör zu (1–6)! Wer sagt was?

Beispiel: **1 Kai – 2, e**

Christoph
Sascha
Silke
Kai
Irmak
Wiebke

5 💬 Wie findest du deine Schule? Macht Interviews in der Klasse! Schreibt dann einen Bericht darüber!

Beispiel: A Wie findest du die Schule?
B Sehr streng. Ich muss ruhig arbeiten. Das ist unfair.
A Und du? Wie findest du die Schule?
C Ich darf nicht aus der Schule gehen. Das ist nicht normal.

6 📖 Was durfte Harald auf der Grundschule (nicht) machen? Mach eine Liste auf Englisch!

Auf der Grundschule war es nicht sehr streng! Ich durfte im Klassenzimmer sprechen und sogar Bonbons essen! Ich musste ruhig arbeiten, aber ich musste keine Hausaufgaben machen! Ich durfte nicht aus der Schule gehen, aber ich musste nicht so pünktlich ankommen! Natürlich durfte ich keine Handys ins Klassenzimmer bringen – aber damals hatte ich kein Handy!

Harald, 17, Sinsheim

allowed to	not allowed to	had to	didn't have to
talk in the classroom			

Grammatik: the imperfect tense of *müssen* and *dürfen*

To say 'had to' or 'wasn't allowed to', you use the **imperfect** tense of *müssen* and *dürfen*, which look like this:

musste – 'had to'   **durfte (nicht)** – '(wasn't) allowed to'
ich musste   *ich durfte (nicht)*   siehe Seite **144** ➤➤

9C Liebe Tante Claudia

- understand problem page letters
- understand how word order can be used to emphasise things
- learn more about modal verbs

1 🔴📖 Hör zu (1–4) und lies mit! Wer ist das?

Beispiel: **1 Musikfan**

2 📖 Was heißt auf Deutsch …

Beispiel: **1 Ich mag unheimlich gern Pommes frites, Hamburger usw.**

1 … I really like chips, hamburgers, etc.!
2 … At nearly 60 kilos I am already too fat.
3 … I'm scared of lung cancer.
4 … Now I'm worried about Mum.
5 … My girlfriend and I are completely in love!
6 … I don't want to lose her!
7 … I'm scared of exams.
8 … I got bad marks.

3 📖 Richtig oder falsch?

Beispiel: **1 richtig**

1 „Musikfan" hat Angst vor Prüfungen.
2 „Tief besorgts" Oma wohnt in Berlin.
3 „Deprimiert" isst zu viel Obst.
4 „Trauriger Lesers" Freundin flirtet mit seinem besten Freund.
5 „Musikfan" hat heute eine Prüfung.
6 „Tief besorgt" hat Angst vor Lungenkrebs.

4 📖 Was passt zusammen?

Beispiel: **1 f**

1 „Deprimiert" isst
2 „Tief besorgt" hat
3 „Trauriger Leser"
4 „Trauriger Lesers" Freundin
5 „Musikfan" hat Angst
6 „Musikfan" hat

a ist in seine Freundin total verliebt.
b hat in der Disko geflirtet.
c nächste Woche eine Prüfung.
d vor Prüfungen.
e Angst vor Lungenkrebs.
f zu viel Schokolade usw.

Liebe Tante Claudia,

Liebe Tante Claudia,

hilf mir bitte! Ich mag unheimlich gern Pommes frites, Hamburger usw! Ich esse zu viel Schokolade und ich mag am liebsten Pralinen! Mit fast 60 Kilo bin ich schon zu dick und ich habe Angst.

Deprimiert, Düsseldorf

Liebe Tante Claudia,

hilfe! Meine Freundin und ich sind total verliebt! Aber in der Disko hat sie mit meinem besten Freund geflirtet. Jetzt will ich nicht mehr mit ihr gehen. Was kann ich tun? Ich will sie nicht verlieren!

Trauriger Leser, Osterode im Harz

Liebe Tante Claudia,

hilf mir bitte! Meine Mutter raucht und ich habe Angst vor Lungenkrebs. Oma ist an Krebs gestorben und jetzt mache ich mir Sorgen über Mutti. Kannst du mir helfen?

Tief besorgt, Innsbrück, Österreich

Liebe Tante Claudia,

hilf mir bitte – ich habe Angst vor Prüfungen und nächste Woche habe ich eine Prüfung. Das letzte Mal war ich krank und ich habe schlechte Noten bekommen. Was kann ich tun?

Musikfan, Basel, Schweiz

Strategie! *Using word order to alter emphasis*

In German you can change the emphasis of something by where you put it in a sentence. Often (but not always), putting something at the beginning of a sentence will emphasise it:

*Ich habe **nächste Woche** eine Prüfung.*
***Nächste Woche** habe ich eine Prüfung.*

If you say this sentence the first way, it just says that you have an exam. However, by putting the time phrase (*nächste Woche*) first, you give it extra emphasis ('*Next week* I've got …').

However, sometimes things in other positions are emphasised – at the beginning, in the middle or at the end. ▼

5 📖 **What do you think is being emphasised in these sentences?**

1 Mit fast 60 Kilo bin ich schon zu dick.
2 Das letzte Mal war ich krank.
3 Es hat im Juli geschneit.
4 Am schnellsten kommt man mit dem Flugzeug an.
5 Er fährt mit seiner Freundin auf Urlaub!

Grammatik: Modal verbs

In the texts on this page, there are more verbs like *müssen* and *dürfen*. They are called **modal verbs** and they also include: *wollen* (to want), *können* (to be able) and *mögen* (to like).

wollen	**können**	**mögen**
ich will	*ich kann*	*ich mag*
du willst	*du kannst*	*du magst*
er/sie will	*er/sie kann*	*er/sie mag*

siehe Seite **143** ➤➤

▼

6 ✏️ **Füll die Lücken mit der passenden Verbform aus!**

Beispiel: 1 Ich ___will___ **nicht rauchen.**

1 Ich _____ nicht rauchen. (wollen)
2 Er _____ nicht aufhören. (können)
3 Sie _____ sehr gern Schokolade. (mögen)
4 _____ du mich sehen? (wollen)
5 _____ du mitkommen? (können)
6 Ich _____ sehr gern Hamburger! (mögen)

9D Mein idealer Freund/Meine ideale Freundin

- learn to talk about the qualities of an ideal friend
- use possessive adjectives correctly

An: Rolf Maier
Von: Kai Lorenz
Betr.: idealen Freund

Lieber Rolf,

du fragst mich über meinen idealen Freund. Er ist ziemlich witzig, meistens freigiebig und sehr ehrlich. Er ist nie arrogant, nie faul und meistens nicht launisch! Wenn möglich ist er auch cool, ziemlich geduldig, etwas selbstbewusst – und sehr hilfsbereit! Es ist schwer, so eine Person zu finden; deshalb habe ich nicht viele Freunde! Aber ich versuche, meine ideale Frau zu finden!

Dein Kai

1 📖 **Lies Kais E-Mail! Was heißt auf Deutsch ...?**

Beispiel: **1 very honest** – *sehr ehrlich*

1 very honest

2 quite patient

3 mostly generous

4 quite self-confident

5 never lazy

2 💿 **Hör zu und füll die Lücken aus!**

Beispiel: **1 Yasmin: Ihr idealer Freund ist** _cool_ **und** _witzig._

1 Yasmin: Ihr idealer Freund ist _____ und _____ .
2 Peter: Seine ideale Freundin ist _____ und _____ .
3 Maria: Ihr idealer Freund ist _____ und _____ .
4 Stefan: Seine ideale Freundin ist _____ und _____ .

3 ✏️ **Füll die Lücken mit dem richtigen Wort aus den Klammern aus!**

Beispiel: **1 Seine**

1 (Sein / Seine) ideale Freundin ist selbstbewusst.
2 (Ihr / Ihre) Mutter ist witzig.
3 (Sein / Seine) Eltern sind meistens freigiebig.
4 (Sein / Seine) Pferd ist etwas launisch.
5 (Mein / Meine) Schwester ist sehr cool.
6 Ist (dein / deine) Bruder hilfsbereit?

Grammatik: possessives

To say 'my', 'your', 'his', 'her', 'its', you use *mein, dein, sein/ihr/sein*.

Don't forget: the endings have to change for masculine, feminine or neuter nouns.

	masc	fem	neut	pl
my	*mein*	*meine*	*mein*	*meine*
your	*dein*	*deine*	*dein*	*deine*
his/its (m)	*sein*	*seine*	*sein*	*seine*
her/its (f)	*ihr*	*ihre*	*ihr*	*ihre*

siehe Seite **140** ➤➤

4 💬 **Macht Interviews! Wie ist dein(e) idealer Freund/ideale Freundin?**

Beispiel: **A** Wie ist dein idealer Freund/deine ideale Freundin?
B Er/Sie ist sehr geduldig und ... und ziemlich ... . Und er/sie ist nie ... .

5 ✏️ **Schreib einen Bericht über den Dialog! Schreib über eure idealen Partner und Partnerinnen!**

Beispiel: **Cathys idealer Freund ist etwas fleißig und ... und ziemlich ... .**

Leute beschreiben	Describing people
ab und zu	*now and then*
etwas	*quite, rather*
ziemlich	*quite, rather*
ein bisschen	*a bit*
sehr	*very*
arrogant	*arrogant*
cool	*cool*
faul	*lazy*
fleißig	*hard-working*
hilfsbereit	*helpful*
launisch	*moody*
schüchtern	*shy*
nervig	*irritating*
sympathisch	*likeable, nice*
witzig	*funny, witty*
ehrlich	*honest*
geduldig	*patient*
freigiebig	*generous*
selbstbewusst	*self-confident*

Regeln	Rules
(nicht) streng	*(not) strict*
ins Bett gehen	*to go to bed*
laute Musik hören	*to listen to loud music*
abwaschen	*to wash up*

Staub saugen	*to vacuum clean*
mein Zimmer aufräumen	*to tidy my room*
(spät) nach Hause kommen	*to stay out (late)*
(pünktlich) in der Schule ankommen	*to arrive (punctually) at school*
aus der Schule gehen	*to go out of the school*
Handys im Klassenzimmer haben	*to have mobile phones in the classroom*
im Klassenzimmer nicht essen	*to not eat in the classroom*
die Hausaufgaben (pünktlich) machen	*to do homework (punctually)*
ruhig arbeiten	*to work quietly*

Probleme	Problems
Hilf mir, bitte!	*Help me, please.*
Ich esse/trinke zu viel …	*I eat/drink too much.*
Ich bin zu dick/dünn …	*I am too fat/thin.*
Ich habe Angst vor …	*I am afraid of …*
Wir sind verliebt.	*We are in love.*
sterben/krank werden	*to die/become sick*
Er/Sie hat mit … geflirtet/ geredet.	*He/She flirted/talked with … .*
Ich habe schlechte Noten bekommen.	*I got bad marks.*
das letzte Mal/letztes Jahr	*last time/year*

Grammatik:

★ Modal verbs: to say 'must' or 'have to', you use *müssen*.
  ● To say 'allowed to', you use *dürfen*. (To say 'mustn't' or 'not allowed to', you use *dürfen* and a **negative**.)
  ● To say 'want to', you use *wollen*.
  ● To say 'can', you use *können*.
  ● To say 'like', you use *mögen*.
★ The **imperfect** tense of the modal verbs *müssen* and *dürfen*:
ich musste (nicht)	I didn't have to
ich durfte (nicht)	I wasn't allowed to
★ Possessive adjectives: the endings on these words change according to gender, case and number.

	masc	fem	neut	pl
my	*mein*	*meine*	*mein*	*meine*
your	*dein*	*deine*	*dein*	*deine*
his/its (m)	*sein*	*seine*	*sein*	*seine*
her/its (f)	*ihr*	*ihre*	*ihr*	*ihre*

siehe Seite **140, 143, 144** ➤➤

Strategie! ♻

★ Change the emphasis of German sentences by altering the word order.

Cross-topic words

Possessive pronouns: **mein • dein • sein/ihr/sein**
Qualifiers: **ab und zu • etwas • ziemlich • ein bisschen • sehr**

10 Arbeit, Arbeit, Arbeit!

10A Meine Eltern geben mir nicht genug Geld!

- discuss pocket money
- say what you spend money on
- use some dative pronouns

1 Ⓓ Hör zu (1–6) und sieh dir die Bilder an! Wer bekommt wie viel Geld?

Beispiel: Ralf – c

a 10 €   **d** 8 €

b 3,25 €   **e** 4,25 €

c 5,50 €   **f** 6,75 €

2 Ⓓ 📖 Wer gibt ihnen Geld? Hör noch einmal zu und schreib Notizen!

Beispiel: Ralf – Oma

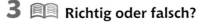

Vater   Oma   Stiefmutter

Großeltern   Opa   Eltern

3 📖 Richtig oder falsch?

Beispiel: **1 richtig**

1 Ralfs Oma gibt ihm 5,50 € pro Woche.
2 Ilses Mutter gibt ihr 4,25 €.
3 Andreas' Großeltern geben ihm 10 €.
4 Brunos Vater gibt ihm 3,25 €.
5 Erika bekommt kein Taschengeld.
6 Birgits Stiefmutter gibt ihr 8,75 € pro Woche.

◀

Strategie! *Using words which change according to case or gender to understand sentences*

The way the pronouns in German change can help make the meaning of sentences a lot clearer than in English. Compare the following:

Give them (to) them.   *Gib sie ihnen.*
She gives it (to) it.   *Sie gibt es ihm.*

Photos:
1 Ralf   **2** Ilse   **3** Andreas
4 Bruno   **5** Erika   **6** Birgit

Grammatik: indirect object pronouns (dative)

You use *mir, dir, ihm* and *ihr* to say 'to' or 'for me, you, him/her', etc. Sometimes in English we miss out the word for 'to', even though the meaning is there, e.g. 'My mum gives me …' = 'My mum gives **to** me …'

*Mein Taschengeld reicht **mir**.*   My pocket money is enough **for** me.

*Seine Eltern geben **ihm** 5 € die Woche.*   His parents give him (= give **to** him) 5 euros a week.

siehe Seite **142** ➤➤

4 Ⓓ Reicht ihnen ihr Taschengeld? Hör zu (1–6) und schreib jeweils 😊 oder 🙁!

Beispiel: **1 😊**

5 🗨 **Rollenspiel! Benutzt die Infos und die Fragen unten!**

Beispiel: **A** Wie viel Geld bekommst du pro Woche?
B Mein(e) … gibt/geben mir …
A Reicht dir das?
B Ja/Nein, das …

Infos:

A Herbert   mein Onkel   € 6   ☺

B Maria   meine Mutter   € 5   ☹

Mein Vater/Stiefvater/Großvater …	gibt mir…	… € pro Woche.
Meine Mutter/Stiefmutter/Großmutter …		
Meine Eltern/Großeltern …	geben mir …	
Das reicht mir (nicht).		

6 💿 📖 **Was macht man mit seinem Geld? Hör zu (1–6)! Wer sagt was?**

Beispiel: **1** Wolf d

a Ich gebe es für Kinokarten aus.

b Ich gebe es für CDs und Bonbons aus.

c Ich gebe es für Computerspiele aus.

d Ich gebe es für Geschenke aus.

e Ich spare alles.

f Ich gebe es für Zeitschriften aus.

1 Wolf
2 Pia
3 Altan
4 Erna
5 Mara
6 Bodo

7 ✏ **Du bist eine Person aus Übung 1 oder Übung 6! Schreib ungefähr 40 Wörter über dein Taschengeld!**

Beispiel: **Ich heiße Ralf und meine Oma gibt mir 5,50 € pro Woche. Ich gebe es für … aus.**

10B Mein Nebenjob

- talk about part-time jobs
- give opinions about jobs
- tell the difference between the present and future tense

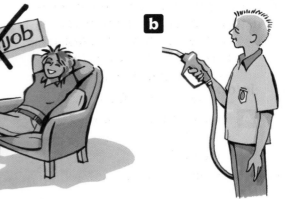

Ich habe keinen Nebenjob.
Ich arbeite an einer Tankstelle.
Ich arbeite in einem Supermarkt.
Ich mache Babysitting.
Ich trage jeden Morgen Zeitungen aus.
Ich arbeite auf einem Bauernhof.

1 💿 **Hör zu (1–6) und ordne die Bilder ein!**

Beispiel: c, …

2 💿 📖 **Hör zu und lies die Texte! Füll dann die Tabelle aus!**

	Job	€	😊 / 😞 / 😐
1	c	15	😐
2			
3			
4			
5			
6			

1

Ich arbeite in einem Supermarkt. Ich bekomme 15 € pro Woche. Das finde ich nicht schlecht.

Ralf

2

Ich habe keinen Nebenjob – meine Eltern geben mir 25 € pro Woche. Das finde ich toll.

Julia

3

Ich arbeite an einer Tankstelle. Ich verdiene 30 € pro Woche. Das ist nicht schlecht.

Markus

4

Ich arbeite auf einem Bauernhof. Der Lohn ist nicht gut – ich bekomme 10 € pro Woche. Es ist langweilig.

Dennis

5

Ich mache Babysitting. Ich bekomme 20 € pro Woche und die Kinder sind im Bett! Es ist sehr interessant!

Ottilie

6

Ich trage jeden Morgen Zeitungen aus. Ich bekomme 15 € pro Woche und es ist flexibel. Das finde ich toll.

Esther

3 *Look back at the texts in Exercise 2 and use context to guess what the words in bold mean. Then check in a dictionary to see whether you were right.*

1 **Der Lohn** ist nicht gut.

2 Ich **bekomme** 15 € pro Woche.

3 Ich **verdiene** 30 € pro Woche.

4 Meine Eltern geben mir **genug** Taschengeld.

5 **Die Kinder** sind im Bett.

4 ◁ **Seht euch die Bilder an und macht Dialoge!**

Beispiel: **A** Hast du einen Nebenjob?
B Ja, ich arbeite an einer Tankstelle.
A Wie viel Geld bekommst du?
B 5 € pro Woche.
A Und wie findest du das?
B Furchtbar.

Strategie! *Working out meaning using near-cognates and context*

You can sometimes work out the meaning of new words:

● because they are near-cognates (similar to words in English), e.g. *flexibel, im Bett*

● or from the context (what the rest of the sentence or the text is about).

Der Lohn ist nicht gut – ich bekomme 10 € pro Woche.

Grammatik: the future tense ♻

In Exercises 5 and 6, you will meet the **future tense** again. To say what you **are going to do**, you use the verb *werden* and another verb. The other verb must be in the **infinitive** and goes to the end of the sentence.

*Ich **werde** an einer Tankstelle arbeiten.*

***Wirst** du einen Nebenjob suchen?*

*Er **wird** in einem Supermarkt arbeiten.*

siehe Seite **145** ▶▶

a *Max* 5 €

b *Nina* 10 €

c *Erich* 15 €

5 ⊙ **Was machen diese Leute jetzt? Was werden sie in der Zukunft machen? Hör zu (1–3) und füll die Tabelle aus! Achtung! Benutze Bild e zweimal!**

Name	jetzt	in der Zukunft
Verena	d	
Stefan		
Gerhild		

b

c

a

d

e

6 ⊙ **extra!** **Hör zu (1–6) und wähl jeweils *Präsens* oder *Futur*.**

Beispiel: **1** Futur

10C Die Zukunft

- talk about jobs
- say what job you would like to do
- use *Ich möchte* plus an infinitive

Brigitte

Walter

Harald

1 a 💿 📖 **Was sind sie von Beruf? Hör zu (1–10) und ordne die Bilder ein!**

Beispiel: **1 d, …**

Norbert

Kai

1 b 💿 **Hör noch einmal zu! Welcher Titel passt zu welchem Bild?**

Beispiel: **1 d, …**

1 Arzt
2 Friseur
3 Lehrer
4 Ärztin
5 Krankenpfleger
6 Computertechniker
7 Sekretär
8 Verkäuferin
9 Krankenschwester
10 Mechaniker

Maria

2 💬 **A macht das Buch zu. B nennt einen Beruf und A muss sagen, wer das ist.**

Beispiel: **B** Ich bin Arzt.
A Du bist Kudret.

3 📖 *Use your knowledge of how the names of jobs change in Geman to predict the masculine or feminine forms of the words in the grid.*

Maskulinum	Femininum	Englisch
Friseur	Friseurin	hairdresser
Techniker		technician
	Tierärztin	vet
Zahnarzt		dentist
Mechaniker		mechanic
Verkäufer		salesman/woman
Sekretär		secretary
Lehrer		teacher

◄ **Grammatik:** *Endungen*

When you talk about a person's job in German you **don't** use a word for 'a …'. Just use *ich bin, du bist*, etc. and the word for the job.

Ich bin Mechaniker.   I'm a mechanic.

Many jobs in German exist in a feminine and a masculine form (but some are the same for both). To make the feminine form, you often just add *-in* to the end of the word, e.g. *der Lehrer/die Lehrerin*. However, there are some exceptions:

masculine	feminine
der Arzt	*die **Ä**rztin*
*der Kranken**pfleger***	*die Kranken**schwester***

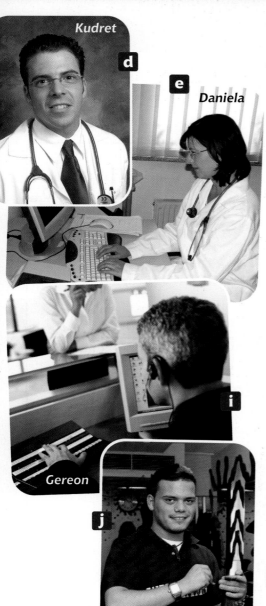

Kudret

d

e

Daniela

i

Gereon

j

Serhat

4 🔘 *Listen to these people talking about what they want to do and read the texts below. Who ...*

Beispiel: **a** Nergis

a ... wants to be a secretary because she likes working with people?

b ... wants to be a nurse because she wants to help sick people?

c ... wants to be a dentist because it's well paid?

d ... wants to be a teacher because he likes working with children?

e ... wants to work with computers or machines?

f ... wants to be a vet because he likes animals?

g ... wants to be a hairdresser because she likes hair and beauty?

h ... wants to be a mechanic because he is interested in cars?

1 Ich heiße Gero. Ich möchte vielleicht Tierarzt werden, weil ich Tiere mag.

2 Ich bin Verena und ich werde mit Computern oder mit Maschinen arbeiten.

3 Ich bin Nergis. Ich möchte als Sekretärin in einem Büro arbeiten, weil ich gern mit anderen Leuten zusammen arbeite.

4 Ich heiße Lars. Ich möchte als Mechaniker arbeiten, weil ich mich für Autos interessiere.

5 Mein Name ist Lothar und ich werde eine Stelle als Zahnarzt suchen, weil Zahnärzte viel Geld verdienen.

6 Ich heiße Annette und ich möchte als Krankenschwester arbeiten, weil ich Leuten helfen will.

7 Mein Name ist Thomas. Ich werde eine Stelle als Lehrer suchen, weil ich gern mit Kindern arbeite.

8 Ich bin Ulli und ich möchte Friseurin werden, weil ich mich für Haar und Schönheit interessiere.

Grammatik: *ich möchte*

Ich möchte is the conditional of *mögen* and means 'I would like'. It is used often (e.g. when buying things), and you have come across it before in Unit 3 (*Ich möchte einen Tisch reservieren*). It can be used with a noun or with another verb, in the infinitive. The verb in the infinitive goes to the end of the sentence or clause.

siehe Seite **145** ➤➤

5 🖉 **Was möchtest du werden? Warum?**
Schreib 20–30 Wörter zu diesem Thema!

Beispiel: **Ich heiße Wayne und ich interessiere mich für Computer und Technologie.**
Ich möchte als Computertechniker arbeiten, weil ...

🗣️💬 **Lauter Laute: p, f, pf**

● Hör zu und wiederhole!

Fünf Krankenpfleger finden fünfzig Pfennig um fünf Uhr und fünf Pfund um fünfzehn Uhr!

10D Meine Schulroutine

- talk about daily routine
- use some reflexive verbs
- give a short presentation

1 **Herbert redet über sein Leben auf der Schule. Hör zu und schreib die Uhrzeiten in die Kästchen!**

▲

Grammatik: reflexive verbs

Reflexive verbs use a subject **and** an object pronoun.

Ich wasche **mich.**   I wash (myself).
Er/Sie zieht **sich** an.   He/She gets dressed (dresses him/herself).

siehe Seite **144** ➤➤

2 🖉 **Füll die Lücken aus, um deine Schulroutine zu beschreiben!**

Beispiel: **Ich stehe um** _sieben Uhr_ **auf ...**

Ich stehe um _____ auf

und ich wasche mich um

_____ . Ich verlasse das

Haus um _____ und die

Schule beginnt um _____ .

Die Schule ist um _____

aus. Ich komme um _____

zu Hause an und um

_____ mache ich meine

Hausaufgaben.

3 💬 **Mach jetzt eine Präsentation zum Thema „Schulroutine". Benutze deine Antworten aus Übung 2 und schreib kurze Notizen, z.B. „stehe 7 Uhr 30 auf". Übe deine Präsentation und lerne sie auswendig!**

Beispiel: **Ich stehe um halb acht auf ...**

	Ich stehe auf.	6.30
	Ich wasche mich.	
	Ich ziehe mich an.	
	Ich verlasse das Haus.	
	Die Schule beginnt.	
	Die Schule ist aus.	
	Ich komme zu Hause an.	
	Ich mache meine Hausaufgaben.	

Taschengeld / *Pocket money*

der Opa	*grandpa*
der Stiefvater	*stepfather*
die Oma	*grandma*
die Stiefmutter	*stepmother*
die Eltern (*pl*)	*parents*
die Großeltern (*pl*)	*grandparents*
… gibt/geben mir	*… gives/give me*
pro Woche	*per week*
genug	*enough*
wie viel?	*how much?*
Das reicht mir (nicht).	*That's (not) enough for me.*

Arbeit / *Work*

Babysitting machen	*to do babysitting*
der Bauernhof	*farm*
der Lohn	*pay, wages*
der Nebenjob	*part-time job*
der Supermarkt	*supermarket*
die Tankstelle	*petrol station*
Zeitungen austragen	*to deliver newspapers, do a paper round*
ich arbeite	*I work*
ich bekomme	*I get*
ich verdiene	*I earn*
interessant	*interesting*
nicht schlecht	*not bad*
langweilig	*boring*

Die Zukunft / *The future*

der Arzt/die Ärztin	*doctor*
der Tierarzt/die Tierärztin	*vet*
der Zahnarzt/die Zahnärztin	*dentist*
der Lehrer/die Lehrerin	*teacher*
der Friseur/die Friseurin	*hairdresser*
der Krankenpfleger/ die Krankenschwester	*nurse*
der Techniker/die Technikerin	*technician*
der Sekretär/die Sekretärin	*secretary*
der Verkäufer/die Verkäuferin	*salesperson*
der Mechaniker/die Mechanikerin	*mechanic*

Die Tagesroutine / *Daily routine*

Ich stehe auf.	*I get up.*
Ich wasche mich.	*I have a wash.*
Ich ziehe mich an.	*I get dressed.*
Ich verlasse das Haus.	*I leave the house.*
Der Bus fährt ab.	*The bus leaves.*
Die Schule beginnt.	*School begins.*
Die Schule ist aus.	*School finishes.*
Ich komme zu Hause an.	*I arrive home.*
Ich mache meine Hausaufgaben.	*I do my homework.*

Grammatik: ♻

★ Indirect object pronouns (dative): the indirect object pronoun is a 'shorthand' way of saying 'to' or 'for me, you, him/her', etc.

*Gib **mir** das Buch.*   Give me the book (= give **to** me the book).

★ Reflexive verbs: use a subject **and** an object pronoun.

Ich** wasche **mich.   I wash (myself).

***Er/Sie** hat **sich** angezogen.*   He/She got dressed.

★ *Endungen:* to make the feminine form of job names in German, you often just add *-in* to the end of the masculin word, e.g. *der Lehrer* ⟶ *die Lehrerin*.

siehe Seite **142, 144** ➤➤

Strategie! ♻

★ Use words which change according to case or gender to understand sentences.

★ Work out the meaning of new words from the context.

Indirect object pronouns: **mir • dir • ihm • ihr**
Reflexive pronouns: **mich • dich • sich**

 Lauter Laute: p, f, pf

Wiederholung

Kapitel 9 (Probleme? Siehe Seite 78–81)

1 📖 **Was muss Ottilie machen? Was darf sie nicht machen? Schreib Ottilies Schulregeln richtig auf!**

Beispiel: **1 Ich muss pünktlich in der Schule ankommen.**

1 Ich muss spät in der Schule ankommen.
2 Ich muss mein Handy ins Klassenzimmer bringen.
3 Ich darf die Hausaufgaben nicht pünktlich machen.
4 Ich darf nicht ruhig arbeiten.
5 Ich muss aus der Schule gehen.
6 Ich muss im Klassenzimmer essen.

2 📖 **Lies Claudias Brief und beantworte die Fragen auf Englisch!**

Beispiel: **1 Nice**

1 What are most of Claudia's family members like?
2 What does she say about her mother?
3 Name **two** things she mentions about her father.
4 Claudia says her sister is nice, but also rather what?
5 Which family member does Claudia say negative things about?
6 Name **two** things that she says about him.

> *Liebe Esther,*
>
> *wie findest du deine Familie? Die Mitglieder von meiner Familie sind meistens (aber nicht alle!) sympathisch. Meine Mutter ist witzig und hilfsbereit und mein Vater ist cool und freigiebig. Meine Schwester ist auch sehr sympathisch, aber etwas schüchtern. Ich finde nur meinen Bruder etwas nervig – ich meine, dass er schüchtern, launisch und arrogant ist.*
>
> *Deine Claudia*
>
> *Essen, Deutschland*

Kapitel 10 (Probleme? Siehe Seite 86–89)

3 📖 **Was passt zusammen?**

Beispiel: **1 d**

1 Meine Eltern geben mir 4,50 € pro Woche.
2 Meine Stiefmutter gibt mir 3,50 €.
3 Meine Eltern geben mir 5 € pro Woche.
4 Mein Vater gibt mir 2,50 €.
5 Meine Mutter gibt mir 3 € pro Woche.

4 📖 **Lies den Brief! Sind die Sätze richtig oder falsch?**

Beispiel: **1 richtig**

1 Wiebke bekommt kein Taschengeld.
2 Am Samstag arbeitet sie in einem Supermarkt.
3 Am Freitagabend verdient sie 15 €.
4 Sie arbeitet nicht gern auf dem Bauernhof.
5 Wiebke verdient insgesamt 20 €.

> *Liebe Erika,*
>
> *bekommst du viel Geld? Ich bekomme kein Taschengeld, also habe ich drei Nebenjobs. Am Samstag arbeite ich in einem Supermarkt und dort verdiene ich 3 €. Am Freitagabend mache ich Babysitting und verdiene 5 €. Am Sonntag arbeite ich auf einem Bauernhof und das hasse ich (es stinkt!), aber dort verdiene ich 10 € – viel besser als bei den anderen Nebenjobs.*
>
> *Und du – bekommst du viel Taschengeld? Hast du einen Nebenjob?*
>
> *Schreib mir bald!*
>
> *Deine Wiebke*

Umfrage: Was möchtest du?

Die Jugendlichen von heute interessieren sich für Karriere und Familie, sagen Forscher. *JUMA* hat selbst Jugendliche befragt.

Mario, 19 Jahre: Ich möchte viel Geld verdienen und einen guten Job haben. Ich möchte so bald wie möglich ein eigenes Haus haben. Ich werde eine Frau haben und mindestens drei Kinder.

Philipp, 16 Jahre: Ich werde eine Familie haben, aber im Moment habe ich keine Freundin. Eine gute Karriere ist für mich wichtig. Ich möchte reisen und die ganze Welt sehen.

Esra, 12 Jahre: Ich möchte einen guten Beruf haben. Etwas mit Computern finde ich gut. Wichtig ist mir auch meine Familie. Einen Mann möchte ich später auch. Jetzt will ich Spaß haben.

Bahar, 13 Jahre: Zwei Kinder möchte ich später haben: einen Jungen und ein Mädchen. Meine Freunde und meine Familie sind mir wichtiger als meine Arbeit. Tierärztin ist mein Traumjob.

Svenja, 13 Jahre: Am wichtigsten in meinem Leben sind meine Freunde. Zu meinen Eltern habe ich einen guten Kontakt. Ich werde später eine eigene Familie und Kinder haben, aber höchstens zwei.

Aus: *JUMA* 3/2003, Annette Zellner, www.juma.de

reisen – *to travel*

> **Strategie!** *Guessing meaning using near-cognates and context*
>
> Don't forget to use these ideas to help you understand the texts.
> - Look for familiar words.
> - Look for (near-)cognates, e.g. *Karriere*.
> - Use logic to work out or guess meaning, e.g. What are *Mann* and *Frau* likely to mean when talking about the future?
> - Use context to guess meanings, e.g. *Ich möchte einen guten **Beruf** haben.*

1 Who …

Beispiel: 1 Esra

1. … would like a good job, but at the moment wants to have fun?
2. … would like to have a girl and a boy, and wants to be a vet?
3. … would like to travel and see the world?
4. … would like a wife and at least three children?
5. … has a good relationship with her parents?

11 Los geht's!

11A Wohin denn?

- talk about what you would like to do
- use the conditional
- understand a formal letter

1 a 📖 **Sieh dir die Bilder an! Welcher Text passt?**

Beispiel: **a** Ein Strand in Dänemark

> *Der deutsche Freizeitpark „Heide-Park"*

> *Die Alpen in der Schweiz*

> *Ein Strand in Dänemark*

> *Wien, die Hauptstadt Österreichs*

1 b 💿 **Sieh dir die Bilder noch einmal an und hör zu (1–8)! Acht Jugendliche diskutieren die Ferien. Welches Bild ist das?**

Beispiel: **1 b**

2 💬 **Was möchtet ihr in den Ferien machen? Diskutiert in der Gruppe!**

Beispiel: **A** Ich möchte in die Schweiz fahren.
B Ich möchte nach Dänemark fahren. Und du?
C Ich weiß nicht, aber ich möchte nicht zum Freizeitpark gehen.

ich möchte (nicht) …	nach Wien/Österreich/ Dänemark fahren.
	in die Schweiz/ Alpen fahren.
	zum Freizeitpark/ Strand gehen.

◀ **Grammatik:** *der Konditional* (the conditional)

You use the 'conditional' to say what you '**would** like' or '**would** be able to (**could**)' do.

These verbs all need a second verb to complete their meaning. What form of this verb do you use and where does it go?

*Was **möchtest** du in den Ferien **machen**?*	What **would you like to do** in the holidays?
*Ich **möchte** nach Österreich **fahren**.*	I **would like to go** to Austria.
*Wir **möchten** Wien **besichtigen**.*	We **would like to visit** Vienna.
*Wir **könnten** in Hotels **übernachten**.*	We **could** (**would be able**) **to stay** in hotels.

siehe Seite **145** ➤➤

3 📖 Was passt zusammen?

Beispiel: 1 f

1 Wir könnten in der See schwimmen.

2 Wir könnten in den Alpen wandern.

3 Wir könnten Volleyball auf dem Strand spielen.

4 Wir könnten jeden Tag Rad fahren.

5 Wir könnten in der Stadt einkaufen.

6 Wir könnten mit der Achterbahn fahren.

7 Wir könnten in Hotels übernachten.

4 Eine Jugendgruppe diskutiert einen Ausflug. Sieh dir die Bilder in Übung 3 noch einmal an und hör zu! Wie ist die richtige Reihenfolge?

Beispiel: e, ...

5 Diskutiert mit deinem Partner/ deiner Partnerin wie in Übung 2! Was könntet ihr machen?

Beispiel: **A** Ich möchte in die Schweiz fahren. Wir könnten in den Alpen wandern.
B Ach, nein! Ich möchte … . Wir könnten …

6 📖 Die Jugendgruppe schreibt Briefe. Lies Carmens Brief und beantworte die Fragen!

1 Where is Carmen writing to?

  a) A Danish hotel?   **b)** A Danish campsite?
  c) A Swiss hotel?

2 Which of these does she *not* ask for information about?

  a) Sporting activities in the area?
  b) Things to see?   **c)** The weather?

3 How many adults are accompanying the group?

  a) 26?   **b)** 20?   **c)** 15?   **d)** 3?

4 How long do they want to stay?

  a) 20 days?   **b)** 15 days?   **c)** 7 days?

5 What do you think *im Voraus* means?

  a) In advance?   **b)** In a van?   **c)** In a bus?

Abs: C. Hardinger
Eulengasse 13
30456 Hannover

Hannover, 3. April

Sehr geehrte Damen und Herren!

Meine Jugendgruppe möchte nach Dänemark fahren und ich möchte Informationen über Ihren Campingplatz haben. Was könnten wir in der Gegend machen? Ich möchte eine Broschüre über die Sportmöglichkeiten und Sehenswürdigkeiten.

Wir sind 15 Jugendliche und 3 Erwachsene aus Hannover und wir möchten eine Woche vom 20. Juli bis zum 26. Juli in Ihrer Gegend verbringen.

Ich danke Ihnen im Voraus.

Mit besten Grüßen

Ihre Carmen Hardinger

11B Haben Sie Platz?

- ask about hotel accommodation
- write to book accommodation
- recognise vowels with an umlaut

1 🔊 Hör zu und lies mit!

- **Hotel Glockenberg**, guten Tag.
- Guten Tag. Mein Name ist **Westermann**. Ich möchte **ein Zimmer** reservieren.
- Für wie viele Personen?
- Das ist für **zwei Erwachsene und ein Kind**.
- Wann kommen Sie an?
- **Am 29. Juli** und wir bleiben **drei** Nächte.
- Also … ja, wir haben **ein Zimmer**.
- Was kostet das, bitte?
- Das kostet **80 €** pro Nacht.
- Gut. Ich nehme das.
- So, alles klar, **Herr Westermann**. Auf Wiederhören.
- Danke. Auf Wiederhören.

2 📖 Was heißt das auf Deutsch?

Beispiel: **1 Ich möchte ein Zimmer reservieren.**

1 I'd like to book a room.
2 For how many people?
3 For two adults and a child.
4 When are you arriving?
5 On the 29th July.
6 We're staying three nights.
7 How much is it, please?

3 💬 Was sagst du?

Beispiel: **a Ich möchte zwei Zimmer reservieren. Das ist für zwei Erwachsene und zwei Kinder. Wir bleiben eine Nacht.**

4 💬 **Seht euch die Bilder unten und Übung 1 noch einmal an und macht ähnliche Dialoge!**

a 24.6. 1x🌙 70€ 🌙

b 18.7. 3x🌙 100€

c 4x🌙 60€🌙

d 4.8. 7x🌙 90€🌙

 Ich möchte ein (zwei) Zimmer reservieren.

 Am neunundzwanzigsten Juli.

? Für wie viele Personen?

 Das ist für einen Erwachsenen und ein Kind.

 Wir bleiben eine Nacht (zwei Nächte).

? Was kostet das?

 Das ist für zwei Erwachsene und zwei Kinder.

 (Achtzig) Euro pro Nacht.

 ? Wann kommen Sie an?

5 ✏️ **Du möchtest eine Reservierung machen. Schreib den Brief richtig auf!**

STADT , JUNI 15

An: Hotel Bergweg

Sehr geehrte Damen und Herren!

Ich möchte ⬜⬜ für 👤👤👤 reservieren. Wir kommen am JULI 27 an und bleiben 3 x 🌙.

Haben Sie Platz? Und 💶 , bitte?

Mit besten Grüßen

Ihr (Name)/Ihre (Name)

6 ✏️ **extra! Schreib jetzt an den Campingplatz Sonnenwald! Dein(e) Partner(in) überprüft.**

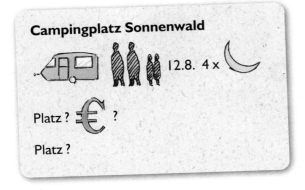

Campingplatz Sonnenwald

12.8. 4 x 🌙

Platz ? 💶 ?

Platz ?

7 💬 **extra! Seht euch Übung 1 an! Macht einen ähnlichen Dialog für den Campingplatz Sonnenwald!**

8 🗣️💬 **Lauter Laute: a/ä, o/ö, u/ü**

Umlauts make a big difference to the sound of vowels, so you need to pronounce them correctly. They can even change the meaning. For example, what is the difference between Bruder *and* Brüder? *Or* Apfel *and* Äpfel?

● Hör zu und sprich nach! Wie ist die richtige Reihenfolge?

Beispiel: c, …

a	Apfel	**f**	könnten
b	Brüder	**g**	über
c	Österreich	**h**	möchte
d	Dänemark	**i**	Broschüre
e	Bruder	**j**	Äpfel

Haben Sie … einen Platz für ein Zelt?

 einen Platz für einen Wohnwagen?

 einen Platz für ein Wohnmobil?

11C Was ist wo?

- find out about campsite facilities
- ask where things are
- use question words

Schlüssel:

 1 das Sanitärgebäude (die Toiletten, die Duschen, die Waschbecken)

 2 das Waschhaus (die Waschmaschinen, die Geschirrspülbecken)

 3 der Spielplatz (mit Tischtennis)

 4 das Restaurant

 5 die Telefonzelle

 6 der Parkplatz

 7 die Rezeption

 8 der Kiosk (Lebensmittel, Zeitungen, Gas)

 9 der Müllcontainer

 10 das Wasser

 11 der Strom

 12 die Stellplätze (das Zelt, das Wohnmobil, der Wohnwagen)

1 💿 **Hör zu (a–f) und sieh dir das Bild und den Schlüssel an! Was sucht man? Schreib die sechs Nummern auf!**

Beispiel: 7, …

Campingplatz Windacker

2 📖 **Lies die Texte und sieh dir das Bild an! Was fragst du?**

Beispiel: **1** Wo ist der Kiosk, bitte?

1 Ich muss eine Dose Gas kaufen.

2 Ich möchte nach Hause telefonieren.

3 Wir könnten Tischtennis spielen.

4 Ich muss zum Auto gehen.

5 Ich möchte eine Tasse Tee machen.

6 Ich habe Hunger! Ich möchte einen Hamburger essen.

3 a Hör zu (1–6)! Welche W-Fragen (Grammatik, a–h) hörst du?

Beispiel: **1 g**

3 b Welche zwei W-Fragen hörst du *nicht*?

4 Füll die Lücken mit W-Fragen aus! Finde dann das Englische!

Beispiel: **1 d** Für ___wie viele___ Personen?

1 Für _____ Personen?

2 _____ bleiben Sie?

3 _____ kostet das, bitte?

4 _____ sind die Toiletten?

5 _____ ist der Campingplatz geschlossen?

6 _____ komme ich zu meinem Stellplatz?

a *Where are the toilets?*

b *What does it cost, please?*

c *When is the campsite closed?*

d *For how many people?*

e *How do I get to my site?*

f *How long are you staying?*

5 Hier sind die Antworten auf die Fragen in Übung 4. Was passt zusammen?

Beispiel: **1 c**

a Fünf Nächte.

b Sie fahren hier rechts.

c Für zwei Erwachsene und zwei Kinder.

d Das kostet 27 € pro Nacht.

e Sie sind dort drüben im Sanitärgebäude.

f Von 23 Uhr bis 7 Uhr. Er ist auch von 12 Uhr bis 14 Uhr geschlossen.

▲

Strategie! *Using the question in your answer*

You can often use part of the language of a question in your answer. Note down which words from the questions above are re-used in the answers you've just picked out.

Grammatik: *W-Fragen* (question words)

● Questions often have a question word at or near the beginning.

● Most question words begin with w (*W-Fragen*).

a	*was*	what
b	*wer*	who
c	*wo*	where
d	*wie*	how
e	*warum*	why
f	*wann*	when
g	*wie viel(e)*	how much (how many)
h	*wie lange*	how long

siehe Seite **147** ➤➤

6 Macht Dialoge auf dem Campingplatz! A ist an der Rezeption, B ist der Gast. Tauscht dann die Rollen!

A Guten Tag.

B Guten Tag. Haben Sie einen Platz ? /  ?

A Für wie viele Personen?

B

A Wie lange bleiben Sie?

B 5x  / 7x

A Ja, wir haben einen Platz.

B € ?

A Das kostet 25 € 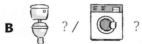 / 30 € .

B ? / ?

A Dort drüben im / .

B Danke.

11D Im Hotel

- understand information about a hotel
- work out meaning

Das Hotel Granus ist ein völlig renoviertes Hotel in der Mitte von Berlin. Das Hotel ist sehr ruhig, aber die besten Sehenswürdigkeiten sind ganz in der Nähe, zum Beispiel: Tiergarten, Brandenburger Tor, Potsdamer Platz, Kurfürstendamm und vieles mehr.

Unsere Preise:
Einzelzimmer
ab 59 €
Doppelzimmer
ab 77 €
Dreibettzimmer
ab 93 €
Vierbettzimmer
ab 103 €
Parkplatz
6 €

Alle Preise inklusive Frühstücksbüfett.

Strategie! *Reading texts with unknown vocabulary*

When reading a text containing language you don't know:

- use a dictionary, but don't look up every unknown word;
- look at the questions, to find out what you need to know and therefore which words you need to look up;
- remember to break down compound nouns to work out meanings.

1 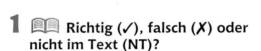 Richtig (✓), falsch (✗) oder nicht im Text (NT)?

Beispiel: 1 ✗

1 Das Hotel ist nicht in der Stadtmitte.
2 Es ist sehr laut im Hotel.
3 Berlins Sehenswürdigkeiten sind nicht weit vom Hotel.
4 Es gibt 59 Zimmer im Hotel.
5 Parken am Hotel kostet nichts.
6 Der Parkplatz ist hinter dem Hotel.

2 📖 *Answer the questions.*

1 What is the minimum cost of a room for two people?
2 How much extra is breakfast?
3 Find the German for these words in the text: completely, gate, square.
4 What is the maximum number of people who can stay in one room?

Wohin denn? — Where to?

Ich möchte nach Wien/in die Schweiz fahren.	I'd like to go to Vienna/Switzerland.
Wir möchten (nicht) zum Freizeitpark gehen.	We would (not) like to go to the theme park.
Wir könnten …	We could …
in der See schwimmen.	swim in the sea.
(Volleyball) am Strand spielen.	play (volleyball) on the beach.
in den Alpen wandern.	hike in the Alps.
in Hotels übernachten.	stay in hotels.

Briefe schreiben — Writing letters

Sehr geehrte Damen und Herren!	Dear Sir or Madam
Ich hätte gern Informationen über …	I'd like information about …
Ich danke Ihnen im Voraus.	Thank you in advance.
Mit besten Grüßen	Best wishes
Ihr/Ihre	Your …

Reservierungen — Reservations

Ich möchte ein/zwei Zimmer reservieren.	I'd like to book a room/two rooms.
Haben Sie Platz?	Have you room?
Für wie viele Personen?	For how many people?
für einen Erwachsenen/ein Kind	for one adult/one child
für zwei Erwachsene/Kinder	for two adults/children
Wann kommen Sie an?	When are you arriving?
Wir kommen am 25. Juli an.	We are arriving on 25th July.
Wie lange bleiben Sie?	How many nights will you stay?
eine Nacht/zwei Nächte	one night/two nights
Was kostet das, bitte?	How much is that?
Das kostet 80 €.	That's 80 euros.
Haben Sie einen Platz …	Have you got a site …
für ein Zelt?	for a tent?
für einen Wohnwagen?	for a caravan?
für ein Wohnmobil?	for a camper van?

Auf dem Campingplatz — On the campsite

der Kiosk	kiosk
der Müll(container)	rubbish (bin)
der Parkplatz	car park
der Spielplatz	playground
der Stellplatz (Stellplätze)	site
der Strom	electricity
der Tischtennis	table tennis
die Rezeption	reception
die Telefonzelle (-n)	telephone kiosk
das Geschirrspülbecken	washing-up sink
das Restaurant	restaurant
das Sanitärgebäude	sanitation block
das Waschbecken	washbasin
das Waschhaus	laundry block
das Wasser	water
Lebensmittel (pl)	groceries

Grammatik: ♻

★ *Der Konditional:*
Was **möchtest** du in den Ferien **machen?**
Ich **möchte** nach Österreich **fahren.**
Wir **möchten** Wien **besichtigen.**
Wir **könnten** in Hotels **übernachten.**

★ Question words:
was what, warum why
wer who, wann when
wo where, wie viel(e) how much (how many)
wie how, wie lange how long

siehe Seite **145, 147** ➤➤

Strategie! ♻

★ Use part of the question in your answer.

★ Read texts with unknown vocabulary in them.

🗣 **Lauter Laute:** a/ä, o/ö, u/ü

was *what* • **warum** *why* • **wer** *who* •
wann *when* • **wo** *where* • **wie viel(e)**
how much (how many) • **wie** *how* •
wie lange *how long*

12 Überall Touristen

12A Ferienziel Deutschland

- talk about holiday destinations
- say what you are going to do there
- use present and future tenses

Boris

Ali

Dorothea

Sofia

1 **Hör zu (1–4)!**
Wer spricht?

Beispiel: **1 Sofia**

▲

Strategie! *Listening for how people feel*

When listening to people talking, you can often work out how they are feeling, even if they don't tell you. For example, by listening to their tone of voice. Sometimes people also let you know how they feel in a roundabout way. For example, Ali says *Das ist nie langweilig*. Does this tell you that he enjoys the holiday, or not? Listen again and decide which people are happy about their holidays and which ones are not. How can you tell?

2 a 📖 **Wer sagt das?**

Beispiel: **a Ali**

a
Ich mag es in Hamburg, weil ich dort viele Verwandte und Freunde habe. Es gibt viel zu tun und es ist nie langweilig. Ich werde viel Spaß haben.

b
Wir fahren jedes Jahr auf einen süddeutschen Bauernhof. Ich fahre dort Rad und ich reite – das macht viel Spaß.

c
Diesen Sommer fahren wir nicht nach Spanien. Wir werden am Rhein campen. Hoffentlich wird das Wetter gut sein.

d
Normalerweise fahren wir auf die Nordsee-Insel Sylt, aber nächstes Jahr möchte ich mal ins Ausland fliegen.

2 b 📖 **Wer ist das?**

1 Who would like to fly abroad for a change?
2 Who has lots of relations and friends in the place where he goes on holiday?
3 Who enjoys cycling and riding?
4 Who is not sure the weather will be as nice as in Spain?

3 📖 Are these sentences in the present (P), present with future meaning (P/F) or future (F)?

Beispiel: **1 P**

1 Normalerweise mache ich Urlaub in Süddeutschland.

2 Wir werden auf einem Campingplatz am Rhein übernachten.

3 Wir fahren jedes Jahr nach Sylt.

4 Hoffentlich fahre ich nächsten Sommer ins Ausland.

5 Ich werde dieses Jahr nach Hamburg fahren.

6 Ich habe viele Freunde in Hamburg.

Grammatik: present and future tenses ♻

The **present** tense is used for things that

● are happening now:
Ich spiele Tennis im Park. I'm playing tennis in the park.

● happen regularly:
Ich gehe jeden Tag zur Schule. I go to school every day.

You can also use the present tense (usually with a time phrase) to refer to the future:

Wir fahren nächsten Sommer nach Italien.
We're going to Italy next summer.

The **future** tense is used for things that are going to happen. It is formed by using *werden* + infinitive.

Look for clues that help indicate the future: *nächsten Sommer*, *nächstes Jahr*, etc.

Wir werden nächstes Jahr nach Italien fahren.
We're going to go to Italy next year.

siehe Seite **143, 145** ➤➤

---

4 a 📖 Lies die Broschüre! Was passt zusammen?

Beispiel: **1 c**

1	green	**a**	beaches
2	sandy	**b**	cliffs
3	white	**c**	avenues
4	biggest	**d**	houses
5	old	**e**	island

4 b 💿 Hör zu und lies mit!

A Ich fahre nach Rügen.

B Toll! Wann fährst du dahin?

A **In den Sommerferien**.

B Was wirst du machen?

A Ich werde **jeden Tag viel fotografieren**. Und **am Nachmittag** werde ich **windsurfen** oder **segeln**.

B Das wird **Spaß machen**!

im Sommer/in den Sommerferien/nächsten August	
jeden Tag/Morgen/am Nachmittag	
reiten, windsurfen, segeln, wandern, fotografieren, einkaufen gehen, ein Museum/eine Kirche besichtigen	
Das wird …	Spaß machen. interessant/langweilig/toll sein.

Entdecken Sie Rügen – Deutschlands größte Insel!

Weiße Felsen, grüne Alleen, alte Häuser, sandige Strände und vieles mehr.

4 c 💬 Macht weitere Dialoge! Benutzt Wörter aus dem Kasten!

5 a ✏ Du fährst nach Rügen. Was wirst du machen?

Beispiel: **Im Sommer** werde ich nach Rügen fahren. Ich werde **jeden Tag segeln** und **schwimmen**. Das wird **toll sein**.

5 b ✏ extra! Ich werde **die Felsen fotografieren** – das wird **sehr interessant sein** …

12B Bei den Nachbarn

- describe a holiday in the past
- give opinions about something in the past
- use past tenses

1 📖 **Lies die Broschüre und beantworte die Fragen!**

1 Find the German for …

a) a walk around town
b) meeting-place
c) duration
d) approximately
e) hiking paths
f) mountain railway

2 What is the emblem of Lucerne?

3 Where does the Lucerne walking tour start from?

4 About what time does it finish?

5 Is the Rigi a ship, a mountain or a restaurant?

6 How far away from Lucerne is it: 1800 metres; 100 kilometres; 90 minutes by boat and train?

7 What does *ü. M.* mean: afternoon; above sea level; per hour?

2 💿 **Eine Familie beschreibt einen Urlaub in Luzern. Hör zu (1–4) und wähl die richtigen Antworten!**

Beispiel: Ich habe *einen Stadtbummel* gemacht.

1 a Ich habe **einen Stadtbummel / eine Bustour** gemacht.

b Das war sehr **interessant / langweilig**.

2 a Ich habe die Kapellbrücke **toll / doof** gefunden.

b Ich bin auch **in die Schule / ins Museum** gegangen.

3 a Ich bin mit dem Schiff und mit der **U-Bahn / Bergbahn** auf die Rigi gefahren.

b **Der Stadtbummel / Die Fahrt** hat 90 Minuten gedauert.

4 a Ganz oben haben wir **eine Bustour / einen Panoramablick** auf die Alpen gehabt.

b Ich habe es in der **Schweiz / Stadt** sehr gut gefunden.

Luzern
Unsere Touristen-Tipps!

● **Stadtbummel**

Zu Fuß lernen Sie viel über die Geschichte Luzerns.

Treffpunkt: Tourist Information, 9.45 Uhr.

Dauer: circa 2 Stunden

Die Kapellbrücke, das Wahrzeichen Luzerns

● **Ausflug auf die Rigi**

– wunderbarer Panoramablick
– über 100 km Wanderwege
– nur 90 Minuten von Luzern mit Schiff und Bergbahn

Die Rigi (1800m ü. M.)

Grammatik: past tenses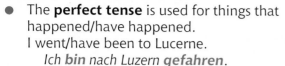

- The **perfect tense** is used for things that happened/have happened.
  I went/have been to Lucerne.
  *Ich **bin** nach Luzern **gefahren**.*

- It has two parts: the auxiliary (part of **haben** or **sein**) and a past participle. The past participle usually begins with *ge-* and ends in *-t* or *-en*, e.g. *gemacht, gefahren*.

- The past participle goes at the end of the sentence.

- To give an opinion about what something **was** like you can use **war**, the **imperfect tense** of *sein*.
  That was great. *Das **war** toll.*

siehe Seite **144** ➤➤

Ich habe das Schloss Hellbrun/Mozarts Geburtshaus/ein Museum besichtigt.

Ich habe (ein paar Tage in Luzern) verbracht.

Ich habe (einen Panoramablick) gehabt.

Wir haben (einen Stadtbummel/Ausflug/ Spaziergang) gemacht.

Wir haben (vieles) gesehen.

Die Fahrt hat 90 Minuten gedauert.

Ich habe es (toll/gut/doof) gefunden.

Ich bin (in ein Museum) gegangen.

Wir sind (mit dem Schiff/mit der Rodelbahn) gefahren.

Das war (toll/interessant/langweilig).

---

3 📖 **Richtig (✓), falsch (✗) oder nicht im Text (NT)?**

Beispiel: 1 ✓

1 Mozart's birthday is 27th January 1756.
2 He was born in Salzburg.
3 Hellbrunn Palace is a big car park.
4 Part of 'The Sound of Music' was filmed there.
5 The summer toboggan run is more than 2 kilometres long.
6 The ski museum is closed in the summer.

Salzburg
Unsere Touristen-Tipps!

- ### Mozarts Geburtshaus

Wolfgang Amadeus Mozart ist am 27. Januar 1756 in diesem Haus geboren.

- ### Das Schloss Hellbrunn

Das Schloss Hellbrunn mit dem großen Park und den Wasserspielen ist einzigartig in Europa.

- ### Auf dem Duerrnberg

Im Sommer Salzburgs längste Rodelbahn mit 2,2 km!

Im Winter ein beliebtes Skigebiet.

Bergrestaurant mit Skimuseum das ganze Jahr geöffnet!

---

4 a 💿 **Hör zu und lies mit!**

A Wohin bist du im Sommer gefahren?

B Ich bin nach Salzburg gefahren.

A Was hast du dort gemacht?

B Ich **habe Mozarts Geburtshaus besichtigt**.

A Wie war das?

B Das war **ziemlich langweilig**!

4 b 💬 **Ihr seid nach Salzburg gefahren. Macht einen Dialog! Der Dialog in Übung 4a kann euch helfen.**

5 ✏️ **Schreib eine Postkarte aus Salzburg oder Luzern!**

Beispiel:

Hallo Susi!

Gestern habe ich einen Stadtbummel in Luzern gemacht. Das war toll und ich habe die Geschichte sehr interessant gefunden. Ich bin auch auf einen Berg gefahren. Die Fahrt hat 90 Minuten gedauert, aber der Panoramablick war toll! …

12C Katastrophal!

- describe disastrous holiday experiences
- use past and present tenses
- use time phrases

a Mein Vater hat sein Portmonee verloren, oder jemand hat es gestohlen.

b Ich habe einen Unfall gehabt und ich habe eine Woche im Krankenhaus verbracht.

c Das Hotel war schmutzig und laut!

d Das Wetter war furchtbar! Es hat jeden Tag geregnet.

e Das Essen im Restaurant war so schlecht. Ich war die ganze Zeit krank.

1 💿 **Hör zu (1–5)! Was passt zusammen?**

Beispiel: **1 b**

2 💿 **Hör noch einmal zu! Welche Zeit-Wörter hörst du? Ist das Vergangenheit oder Präsens? Kopiere die Tabelle und mach Notizen!**

Beispiel:

	Vergangenheit	Präsens
1	c, ...	

a	normalerweise	g	letzten Februar
b	dieses Jahr	h	am ersten Tag
c	letztes Jahr	i	jeden Tag
d	im Sommer	j	fünf Tage
e	letzten Sommer	k	eine Woche
f	im April	l	die ganze Zeit

3 a 📖 **Was passt zusammen?**

a Das war katastrophal!

b Alles ist schief gegangen.

c Mein Traumurlaub war nicht so schön!

1 *Everything went wrong.*

2 *My dream holiday wasn't so good!*

3 *It was a disaster!*

3 b 💿 **Hör noch einmal zu! Wer sagt die Sätze a–c aus Übung 3a?**

◀ **Strategie!**

Using colourful expressions

People often use colourful expressions to liven up what they are saying or writing.

Try to use the expressions in Exercise 3a in your speaking and writing (Exercises 4 and 5).

4 a 🔊 Hör zu und lies mit!

A Was machst du normalerweise in den Ferien?

B Ich fahre nach Frankreich.

A Was hast du letztes Jahr gemacht?

B Ich habe zwei Wochen in einem Hotel in Italien verbracht.

A Wie war das?

B Das war katastrophal!

A Warum denn?

B Das Essen war furchtbar und ich war die ganze Zeit krank!

Ich fahre Wir fahren	nach Frankreich. nach Spanien. in **die** Schweiz.			
Ich habe Wir haben	fünf Tage eine Woche zwei Wochen	auf einem Campingplatz in einem Hotel in einer Jugendherberge	in Österreich in Italien in **der** Schweiz	verbracht.
Das war	katastrophal. sehr laut. so langweilig.			

Das Badezimmer war schmutzig.
Das Restaurant war sehr teuer.
Das Essen war furchtbar.

Ich war die ganze Zeit krank.
Ich habe einen Unfall gehabt.
Ich habe meinen Fotoapparat verloren.

4 b 💬 Macht Dialoge! Ändert die Details! Wählt aus dem Kasten oben!

4 c 💬 extra! Macht weitere Dialoge! Erfindet neue Situationen!

5 ✏️ Du hast einen katastrophalen Urlaub gehabt. Schreib Sätze! Benutze Ideen aus de Seiten 108–109!

Grammatik: _Wortstellung_ (word order) ♻️

- Adverbs and adverbial phrases follow this order: time, manner, place (when, how, where).
- The verb is the second idea in a main clause.
- infinitives go to the end of a main clause.

Ich	werde	morgen	mit dem Bus	in die Stadt	fahren.
first idea	second idea verb in present	time	manner	place	infinitive

siehe Seite **146** ➤➤

Beispiel: **Normalerweise fahren wir im Sommer nach Italien, aber letztes Jahr haben wir zwei Wochen auf einem Campingplatz in Spanien verbracht. Das war katastrophal! Ich habe am ersten Tag meinen Fotoapparat verloren und der Campingplatz war sehr laut und schmutzig.**

6 🗣️💬 Lauter Laute: r, ch

These are sounds that can make you sound much more German. Practise them using the sentence below.

- Hör zu und sprich nach!

Ach, Michael, ich habe eine ruhige Woche in Österreich verbracht.

12D Hier spricht man Deutsch!

- find out about other German-speaking regions
- prepare a presentation about a German-speaking region

Liechtenstein, Europa

1 📖 *Find out some facts about one of these German-speaking countries or regions.*

a

das Barossatal, Australien

b

Namibia, Südwestafrika

d

Pennsylvania, Nordamerika

2 💬 *Prepare a presentation on your research findings, using visuals/ICT, if possible. Try to include the following details.*

- the number of people who live there
- main town(s)
- main sights
- weather/climate
- food and drink/specialities

extra! **Add any other interesting information which you can find out.**

3 a 💿 *Listen to and read the example.*

Beispiel: **Das Barossatal ist in Südaustralien, nicht sehr weit von Adelaide.**
Die wichtigsten Städte sind Tanunda, Angaston und Nuriootpa.
Tanunda hat 4000 Einwohner und ist eine schöne Stadt. Hier gibt es ein Museum über das Barossatal, viele Kirchen und alte Gebäude. In einem Restaurant kann man deutsche Spezialitäten wie Eisbein oder Sauerbraten essen.
Das Wetter ist meistens gut – nicht zu heiß im Sommer, nicht zu kalt im Winter.

3 b 💿 *extra!* *Listen to and read the example.*

Beispiel: **Deutsche Einwanderer sind 1839 zum Barossatal gekommen. Sie haben Obst, Gemüse und Wein produziert und sie haben das in Adelaide verkauft. Jetzt ist das Barossatal sehr wichtig für Wein.**

Strategie! *Preparing a presentation*

- As far as possible, use language that you already know. If you have to look up new vocabulary, check carefully that you have the right word.

- Make your presentation more interesting by including pictures and using ICT where appropriate. If you have any personal experience of the area, say something about that.

- Check pronunciation, word order, tenses and verb endings.

- Practise your presentation with a partner and listen to any suggestions they have for improvements.

- Learn your presentation off by heart, then reduce it to short notes to help remind you of what to say.

In den Ferien / In the holidays

Ich werde … fahren.	I'm going to go … .
Wir fliegen nach Hamburg/Sylt/…	We're flying to Hamburg/Sylt/…
Wir fahren **auf einen** Campingplatz.	We're going **to a** campsite.
Ich werde **auf einem** Bauernhof bleiben.	I'm going to stay **on a** farm.
Ich übernachte in einem Hotel.	I'm staying in a hotel.
in Nordostdeutschland	in northeast Germany
im Südwesten	in the southwest
Rad fahren, segeln, windsurfen	to go cycling, sailing, windsurfing
schwimmen, einkaufen gehen, wandern	to swim, to go shopping, to hike
fotografieren, reiten	to take photos, to go riding
ein Museum/eine Kirche besichtigen	to visit a museum/church
Das wird Spaß machen.	That will be fun.
Das wird interessant/langweilig/toll sein.	That will be interesting/boring/great.

Was hast du gemacht? / What did you do?

Ich habe (ein Museum) besichtigt.	I visited (a museum).
Ich habe (ein paar Tage in Luzern) verbracht.	I spent (a few days in Lucerne).
Ich habe (einen Panoramablick) gehabt.	I had (a panoramic view).
Wir haben (einen Stadtbummel/Ausflug/Spaziergang) gemacht.	We did (a walking tour/trip/walk).
Wir haben (vieles) gesehen.	We saw (lots).
Die Fahrt hat 90 Minuten gedauert.	The journey lasted 90 minutes.

Ich bin (in ein Museum) gegangen.	I went (into a museum).
Wir sind (mit dem Schiff) gefahren.	We went (by boat).
Ich habe einen Unfall gehabt.	I had an accident.
Ich habe meinen Fotoapparat verloren	I lost my camera.
mein Portmonee	my wallet

Wie war das? / What was it like?

Das war toll/interessant/langweilig/katastrophal.	It was great/interesting/boring/a catastrophe.
Das Essen war furchtbar.	The food was terrible.
Ich war krank.	I was ill.
Ich habe es toll/gut/doof gefunden.	I found it great/good/stupid.
Das hat Spaß gemacht.	It was fun.

Wann? / When?

normalerweise	normally
dieses Jahr	this year
jeden Tag/Morgen	every day/morning
am Nachmittag	in the afternoon
in den Sommerferien	in the summer holidays
im Sommer	in the summer
im April	in April
nächsten August	next August
letztes Jahr	last year
letzten Sommer	last summer
letzten Februar	last February
am ersten Tag	on the first day
fünf Tage	five days
eine Woche	one week
die ganze Zeit	the whole time

Grammatik: ♻

★ Present and future tenses: the **present** tense is used for things that are happening now or happen regularly.
You can also use the present tense to refer to the future.
The **future** tense is used for things that are going to happen.
It is formed by using:
werden + infinitive.

★ Past tenses: the **perfect tense** is used for things that happened/have happened/did happen. It has two parts: the auxiliary and a past participle.
To give an opinion about what something **was** like you can use *war*.

★ Word order:
 ● verb second ● time – manner – place
 ● past participles go at the end siehe Seite **143–146** ➤➤

Strategie! ♻

★ Listen for how people feel.
★ Use colourful expressions.
★ Prepare a presentation.

🗣💬 **Lauter Laute:** r, ch

normalerweise *usually* • **letzten Februar** *last February* • **nächsten Sommer** *next summer* • **letztes/nächstes Jahr** *last/next year* • **im April** *in April* • **im Sommer** *in summer*

Wiederholung

Kapitel 11 (Probleme? Siehe Seite 96–99)

1 📖 Was passt zusammen?

Beispiel: **1 d**

1 Ich möchte in die Schweiz fahren.
2 Wir könnten in den Alpen wandern.
3 Ich möchte auf einem Campingplatz übernachten.
4 Ich möchte Wien besichtigen.
5 Ich möchte nicht zum Freizeitpark gehen.

2 📖 Ordne den Dialog richtig ein!

Beispiel: **c, d, …**

a – *Wir bleiben zwei Nächte.*
b – Wann kommen Sie an?
c – *Mein Name ist Schmidt. Ich möchte ein Zimmer reservieren.*
d – Für wie viele Personen?
e – So, Herr Schmidt. Alles klar!
f – *Wir kommen am 25. Juli an.*
g – Am 25. Juli … und wie lange bleiben Sie?
h – *70 € pro Nacht? O.K., ich nehme das.*
i – *Für zwei Erwachsene.*
j – Zwei Nächte … ja, wir haben ein Zimmer. Das kostet 70 €.

Kapitel 12 (Probleme? Siehe Seite 104–107)

3 📖 Füll die Lücken aus und schreib die Sätze richtig!

Beispiel: **1** Nächstes Jahr ___werde___ ich nicht nach Spanien fliegen.

1 Nächstes Jahr _____ ich nicht nach Spanien fliegen.
2 Wir werden nächsten Juli nach München _____ .
3 Wir _____ auf einem Campingplatz übernachten.
4 Ich werde jeden _____ einkaufen gehen.
5 Wir werden die Stadt _____ .
6 Das wird viel Spaß _____ .

> werden   besichtigen   Tag
> werde   machen   fahren

4 ✏️ Du bist ein Mars-Mensch! Was hast du in den Ferien gemacht? Wie war das? Schreib eine Postkarte!

Beispiel: Letztes Jahr bin ich nach Jupiter gefahren. Das war toll! Ich habe am ersten Tag …

Weltraumtourismus

Viele Menschen träumen von einem Urlaub im Weltraum – auf dem Mond, Mars und anderen Planeten, aber das ist nicht einfach! Astronauten trainieren mindestens ein Jahr lang, um für den Weltraum fit zu sein. Für die meisten Leute bleibt das nur ein Traum, aber der erste Weltraumtourist war ein 60-jähriger Amerikaner und Millionär, Dennis Tito. Er ist am 28. April 2001 in dem Raumschiff Sojus-TM in den Weltraum losgefahren – und er hat 20 Millionen Dollar dafür bezahlt!

Ein Jahr später hat der zweite Tourist 10 Tage im Weltraum verbracht. Mark Shuttleworth hat den Urlaub toll gefunden: Er hat sogar die Landekapsel als Andenken gekauft! Es gibt im Moment keine Souvenirshops im Weltraum!

Strategie!

Understanding longer sentences

Some texts have quite long and complex sentences. You need to use context and grammar (especially knowledge of word order) to understand them and split them up into smaller chunks.

A good place to start is by spotting the verbs and then working out what goes with each one. For example, in the fourth sentence *Er ist …* is the first part (auxiliary) of a perfect tense verb, so you'll find the second part (past participle) at the end of that phrase – *losgefahren*.

You know *gefahren* and you might recognise *los* from the phrase *Los geht's!* (Off we go!), so *losgefahren* must mean 'went off' or 'set off'. Now you can fit in the rest of the sentence!

Connectives (*aber*, *und*) also help you split up a sentence.

1 📖 Was heißt das auf Deutsch?

1 for at least a year
2 to be fit for space
3 the first space tourist
4 in the Soyuz-TM spaceship
5 the landing capsule
6 as a souvenir

2 📖 Richtig oder falsch?

1 Astronauts train for more than a year to be fit to travel in space.
2 Dennis Tito was 28 when he went into space.
3 He paid 2001 dollars for the trip.
4 Mark Shuttleworth bought the space capsule as a souvenir of his space holiday.
5 There was a souvenir shop on board.

1 📖 **Schreib die Wörter richtig auf!** (◀◀ S. 6–7)

Beispiel: **1 Jeden Tag.**

1 nedeJ gaT.

2 Jeend rogMen.

3 dJene dnebA.

4 nI nirmee zietreiF.

5 sedeJ chonWeeden.

6 bA nud uz.

2 📖 **Welcher Satz passt nicht?** (◀◀ S. 8–9)

Beispiel: **1 c**

1 a Was machst du in deiner Freizeit?
   b Ich fahre lieber Rollschuh.
   c Hör gut zu!

2 a Ich spiele gern Gitarre.
   b Hast du einen Bruder?
   c Ich mache lieber Judo.

3 a Ich gehe gern ins Kino.
   b Ich wohne in England.
   c Ich esse nicht gern Fast-Food.

4 a Ich habe eine Katze.
   b Ich kaufe gern Computerspiele.
   c Ich höre am liebsten Musik.

3 ✏️ **Vervollständige die Sätze! Benutze die Wörter im Kasten!** (◀◀ S. 10–11)

Beispiel: **1 Letzte Woche habe ich *Volleyball* gespielt.**

1 Letzte Woche habe ich _____ gespielt.

2 Gestern Abend habe ich meine _____ gemacht.

3 Heute Morgen habe ich _____ _____ gekauft.

4 Am Sonntag habe ich am _____ _____ .

5 Am Samstag habe ich ein _____ _____ .

6 Letztes Wochenende habe ich _____ _____ .

> Computer gespielt   Buch gekauft   ein T-Shirt
> Hausaufgaben   Judo gemacht   Volleyball

1 🖊 **Was machen diese Leute und wann? Schreib Sätze!** (◀◀ S. 6–7)

Beispiel: **Norbert: Jedes Wochenende gehe ich mit meinen Freunden Hamburger essen.**

Helga: in meiner Freizeit

Norbert: jedes Wochenende

Gabi: jeden Tag

Bernd: ab und zu

Nergis: jeden Abend

2 📖 **Lies die Lonely-Hearts-Anzeigen und wähl den besten Partner/die beste Partnerin für die Leute unten!** (◀◀ S. 8–9)

Beispiel: **Dirk: Sophie? Oder Trude? Oder …?**

1 Dirk likes listening to music and playing instruments. He hates the cinema.

2 Erik likes sport, especially roller-skating and cycling. He hates music.

3 Bernd likes the cinema but hates fast food. He also likes computer games and cycling.

3 🖊 **Was hat Jochen jeden Tag gemacht? Schreib sein Tagebuch für ihn!** (◀◀ S. 10–11)

Beispiel: **Am Montag habe ich am Computer gespielt.**

Mein Name ist Bettina. Ich gehe sehr gern ins Kino und ich fahre auch gern Rad. Am Wochenende kaufe ich normalerweise Computerspiele. Ich esse nicht gern Fast-Food.

Ich heiße Sophie und ich höre sehr gern R&B. Ich spiele gern Gitarre und ich kaufe sehr oft CDs. Ich gehe nicht gern ins Kino und ich mache nicht gern Hausaufgaben!

Mein Name ist Trude und ich fahre sehr gern Rollschuh. Ich esse auch gern Fast-Food und am Wochenende fahre ich normalerweise Rad. Ich höre nicht gern Musik.

1 📖 **Finde acht Farben! Ergänze den Satz mit den übrigen Buchstaben!** *Find eight colours. Complete the sentence with the letters which are left over.* (◀◀ S. 14–15)

Pblauobraunlgrünoweißhschwarzerotmgelbdgrau

Ich trage ein _ _ _ _ _ _ _ _ .

2 📖 **Was passt zusammen?**
(◀◀ S. 16–17)

Beispiel: **1 d**

1 Ich trage eine graue Hose.
2 Ich trage ein grünes Sweatshirt.
3 Ich trage einen blauen Rock.
4 Ich trage rote Sportschuhe.
5 Ich trage eine grüne Mütze.
6 Ich trage ein rotes Kleid.
7 Ich trage ein graues Hemd.
8 Ich trage eine blaue Jeans.

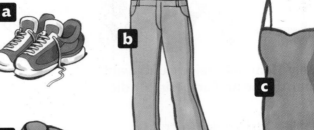

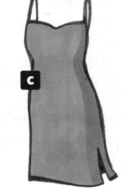

3 ✏️ **Vervollständige die Sätze! Wähl aus dem Kasten!** (◀◀ S. 18–19)

Beispiel: **1 Ich habe ein blaues T-Shirt gekauft.**

1 Ich habe gekauft.

2 Ich habe gegessen.

3 Ich habe getrunken.

4 Ich habe gesehen.

5 Ich habe gefunden.

6 Ich habe getragen.

> eine schöne Jacke   ein blaues T-Shirt   eine Tasche
> einen Apfelsaft   einen Hamburger   zwanzig Euro

1 ✏️ Was sagen diese Teenager? Schreib Sätze! (◄◄ S. 14–15)

Beispiel: Susi: Ich gehe auf eine Party. Ich trage einen grünen Rock, ein blaues Sweatshirt und gelbe Schuhe.

a Susi   **b** Felix   **c** Diana

2 📖 Richtig (R) oder falsch (F)? (◄◄ S. 16–17)

Beispiel: 1 R

Ich finde eine Schuluniform total blöd! Ich muss eine schwarze Jacke, ein graues oder ein weißes Hemd, eine blau-rote Krawatte, eine schwarze Hose und schwarze Schuhe tragen. Ich finde das langweilig und ich mag Jacken überhaupt nicht.

Steve

Ich mag meine Schuluniform und ich finde das praktisch. Ich mag mein dunkelblaues Sweatshirt und meinen grauen Rock, aber glücklicherweise trage ich nie eine Krawatte. Ich mag Krawatten nicht!

Olivia

glücklicherweise – *fortunately*

1 Steve dislikes school uniform.
2 Black trousers are compulsory for boys.
3 He has to wear a blue and red striped shirt.

4 Olivia is unhappy about her school uniform.
5 She wears grey trousers and a dark blue sweatshirt.
6 She never wears a tie.

3 📖 Lies das Gespräch! Wie ist die richtige Reihenfolge? (◄◄ S. 18–19)

Beispiel: c, …

a Nein, aber ich habe mir ein neues T-Shirt gekauft.
b Mmm, ich mag italienisches Essen. Hast du etwas getrunken?
c Was hast du in der Stadt gemacht?
d Toll! Ich mag Beyoncé. Hast du die CD gekauft?
e Was hast du dann gemacht?
f Nein, ich habe nichts getrunken, aber ich habe ein Eis gegessen.
g Ich habe dann eine Pizza gegessen.
h In der Stadt habe ich eine CD von Beyoncé gesehen.

1

📖 **Wo treffen wir uns? Sieh dir die Bilder an und schreib die Texte richtig auf!** (◀◀ S. 24–25)

Beispiel: **1 an der Bushaltestelle**

1 na red lashtelletuBes

2 rov med purSekramt

3 thiner emd rentzrumSpot

4 beergegnü med oinK

5 in red Sluche

6 benne med Glamdateoutne

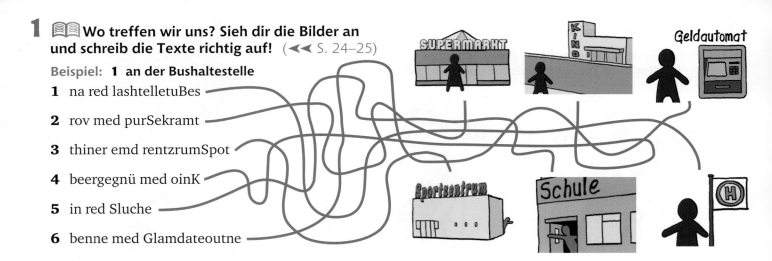

2 a

📖 ✏️ **Wähl a oder b und schreib die Sätze richtig auf!** (◀◀ S. 26–27)

Beispiel: **1 a Ich gehe *in die* Konditorei.**

1 Ich gehe **a)** in die **b)** in der Konditorei.
2 Ich gehe **a)** ins **b)** im Kaufhaus.
3 Ich bin **a)** in die **b)** in der Bäckerei.
4 Ich bin **a)** im **b)** in den Supermarkt.
5 Ich gehe **a)** im **b)** in den Schreibwarenladen.
6 Ich bin **a)** im **b)** ins Sportgeschäft.
7 Ich bin **a)** in die **b)** in der Metzgerei.
8 Ich gehe **a)** in die **b)** in der Drogerie.

2 b

📖 **Was passt zusammen?** (◀◀ S. 26–27)

Beispiel: **1 c**

3

📖 **Lies die Speisekarte und schreib V (Vorspeise), H (Hauptgericht) oder N (Nachtisch)!** (◀◀ S. 28–30)

Beispiel: **1 H**

Speisekarte

1 Fisch mit Kartoffeln und Erbsen
2 Tomatensuppe
3 Gulasch mit Reis
4 Apfelstrudel
5 Gemischtes Eis
6 Aufschnitt

1 📖 ✏️ **Schreib den SMS-Text richtig auf!** (◀◀ S. 24–25)

Beispiel: **Ich gehe schwimmen. Kommst du …? Wir …**

Gehe schwimmen.
Kommst mit?
Treffen 4.30 v. d.
Schule. Dann Pizza
essen. Bis dann!
Lukas

Optionen

Willkommen im **Einkaufszentrum Hohlbach**! Hier gibt es alles! Was sehe ich hier? Ah, _____ Bäckerei … mmm, warmes Brot … lecker! Und neben _____ Bäckerei ist die Konditorei – ich liebe Schokoladenkuchen! Ich gehe jetzt in _____ Supermarkt (alles ist dort so billig!) und dann bin ich _____ Sportgeschäft – hier gibt es alles für den Sport. Ich gehe jetzt in _____ große Drogerie, gegenüber _____ Schreibwarenladen, und dann gehe ich _____ Kaufhaus – dort kann ich stundenlang einkaufen oder im Café sitzen. Also, wir sehen uns bald, ja? Bis dann!

2 a 📖 **Lies die Broschüre und füll die Lücken aus! Wähl Wörter aus dem Kasten!** (◀◀ S. 26–27)

Beispiel: *die* Bäckerei

die   dem   im   den
die   ins   der

2 b 📖 **Lies die Broschüre noch einmal durch und sieh dir die Bilder an! Wie ist die richtige Reihenfolge? Und welches Geschäft ist nicht im Einkaufszentrum?** (◀◀ S. 26–27)

Beispiel: **e, …**

3 📖 ✏️ **Sieh dir die Speisekarte an und schreib den Dialog auf!** (◀◀ S. 28–30)

Beispiel: **K: Was nehmen Sie?**
G: Als Vorspeise nehme ich …

K = Kellner
G = Gast

K: Was nehmen Sie?

G: *(Say what you'll have as a starter.)*

K: So, danke.

G: *(Now say what main course you'll have.)*

K: Ja, gut. Und als Nachtisch?

G: *(Ask what the waiter recommends.)*

K: *(Choose one of the items and say it's very good.)*

G: *(Say OK, you'll have that.)*

Speisekarte

Hühnersuppe mit Croutons
Gemischter Salat

* * *

Schweinekoteletts mit Karotten und Pommes frites
Thunfischsteak mit Reis und Bohnen

* * *

Schokoladeneis mit Erdbeersoße
Nusstorte

1 📖 Was passt zusammen? (◀◀ S. 32–33)

Beispiel: **1 b**

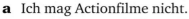

a Ich mag Actionfilme nicht.
b Ich mag gern Fantasyfilme.
c Ich mag gern Science-Fiction-Filme.
d Ich mag gern Martial-Arts-Filme.
e Ich mag Horrorfilme nicht.
f Ich mag gern Komödien.
g Ich mag Zeichentrickfilme nicht.

2 📖 Füll die Lücken aus! (◀◀ S. 34–35)

| muss darf muss kann darf muss |

Beispiel: **1 Ich** _darf_ **keine Horrorfilme sehen.**

1 Ich _____ keine Horrorfilme sehen.
2 Ich _____ meinen Eltern helfen.
3 Ich _____ nicht ausgehen.
4 Ich _____ mir die Haare waschen.
5 Ich _____ nicht. Ich bin krank.
6 Ich _____ Staub saugen.

3 ✏️ Wer hat was gemacht? Schreib eine Sprechblase für jede Person! (◀◀ S. 36–37)

Beispiel: **a Ich bin ins Kino gegangen.**

Ich bin	ins Kino	gegangen.
	ins Sportzentrum	
	in die Disko	
	Rollschuh	gefahren.
	Ski	
	nach London	

1 📖 ✏️ **Lies die Meinungen! Richtig (R), falsch (F) oder nicht im Text (NT)?** (◄◄ S. 32–33)

Beispiel: **1 F**

1 Ralf mag Komödien.

2 Volker mag Fantasyfilme nicht.

3 Yildiz mag gern Fantasyfilme.

4 Ingrid mag Actionfilme nicht.

5 Ingrid mag Science-Fiction-Filme nicht.

6 Volker mag Horrorfilme total gern.

Ralf   *Ingrid*   *Volker*   *Yildiz*

Ich mag Actionfilme sehr gern, aber Komödien mag ich nicht.

Ich mag Science-Fiction-Filme total gern, aber ich mag Actionfilme nicht.

Ich mag Zeichentrickfilme nicht, aber ich mag Horrorfilme total gern.

Ich mag gern Fantasyfilme, aber ich mag Martial-Arts-Filme nicht.

2 a 📖 **Welche Ausreden sind Unsinn?** (◄◄ S. 34–35)

Beispiel: **a, …**

a Ich darf keine Katzen sehen.

b Ich kann nicht. Ich bin mittelgroß.

c Ich muss mir die Haare waschen.

d Ich kann nicht. Ich habe zu viele Brüder.

e Ich muss meinem Tisch helfen.

f Ich muss Staub saugen.

2 b ✏️ **Verbessere die falschen Ausreden aus Übung 2a! Egal wie!** (◄◄ S. 34–35)

Beispiel: **a Ich darf keine *Horrorfilme* sehen.**

3 📖 ✏️ **Schreib die E-Mail richtig auf!** (◄◄ S. 36–37)

Beispiel: **Hi Peter,**
was hast du letztes Wochenende gemacht?
Ich bin nach Österreich gefahren …

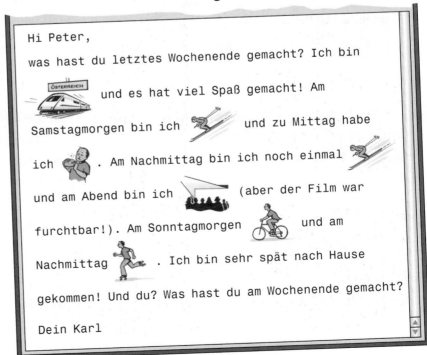

Hi Peter,

was hast du letztes Wochenende gemacht? Ich bin [ÖSTERREICH train] und es hat viel Spaß gemacht! Am Samstagmorgen bin ich [ski] und zu Mittag habe ich [essen]. Am Nachmittag bin ich noch einmal [ski] und am Abend bin ich [kino] (aber der Film war furchtbar!). Am Sonntagmorgen [fahrrad] und am Nachmittag [laufen]. Ich bin sehr spät nach Hause gekommen! Und du? Was hast du am Wochenende gemacht?

Dein Karl

1 📖 **Was gibt es (✔) in jeder Stadt? Was gibt es *nicht* (✗)? Schreib es richtig auf!** (◄◄ S. 42–43)

Beispiel: **Hildesheim: 6 ✔, 3 ✔, 8 ✗**

 **1**
 2
 **3**
 **4**
 5
 **6**
 **7**
 **8**
 **9**
 **10**

Hier in Hildesheim gibt es einen Park und eine Disko, aber kein Freibad.

Hier in Altdorf gibt es ein Kino und ein Theater, aber keine Kegelbahn.

Hier in Unterwald gibt es ein italienisches Eiscafé und ein Sportzentrum, aber kein Kino.

In Meiningen gibt es ein Hamburger-Restaurant und ein Jugendzentrum, aber keine Disko.

2 📖 **Wie fährst du dorthin? Schreib die Sätze richtig auf!** (◄◄ S. 44–45)

Beispiel: **1 mit dem Auto.**

1 tim med uotA.
2 itm emd suB.
3 tmi mde dRa.
4 mti dme guZ.
5 imt red braStanhenß
6 uz ßuF

3 ✏️ **Füll die Lücken aus! Egal wie!** (◄◄ S. 46–47)

Beispiel: **Einmal nach *Berlin*, bitte.**

– Einmal nach _____ , bitte.
– Einfach oder hin und zurück?
– _____ .
– Erster Klasse oder zweiter Klasse?
– _____ , bitte.
– Das macht _____ Euro.
– Von welchem Gleis fährt der Zug nach _____ ?
– Von Gleis _____ .
– Danke schön.
– _____ .

1 ✏ Was gibt es in Gründorf? Lies den Text und schreib die richtigen Buchstaben auf! (◄◄ S. 42–43)

Beispiel: a, ...

Kommen Sie nach Gründorf – Sie werden es nicht bereuen! Hier gibt es zahlreiche Theater, Kinos und Diskos. Wenn Sie ein italienisches Eiscafé suchen, so gibt es das auch hier. Hier gibt es viele Restaurants und Cafés, wo Sie gut essen und trinken können. In Gründorf gibt es tolle Jugendzentren, Freibäder, und vieles mehr. Wenn Sie Einkaufszentren mögen, dann kommen Sie einfach hierher! Gründorf hat eines der größten Einkaufszentren Deutschlands. Bei unseren Preisen macht das Einkaufen Spaß! Schöne Andenken gibt es zu besonders günstigen Preisen. In den Läden gibt es alles, was Sie sich nur wünschen können!

2 ✏ Wie fährt man dorthin? Sieh dir die Bilder an und schreib Sätze! (◄◄ S. 44–45)

Beispiel: **1** Ich fahre um zwei Uhr mit dem Auto nach Hause.

3 📖 Hier sind zwei Dialoge durcheinander geraten. Schreib sie getrennt auf! (◄◄ S. 46–47)

Beispiel: **Dialog 1:**
● Von welchem Gleis fährt der Zug nach Dresden?
● ...

Dialog 2:
● Einmal nach Augsburg, bitte.
● ...

● Von welchem Gleis fährt der Zug nach Dresden?
● Einmal nach Augsburg, bitte.
● Von Gleis sieben.
● Wann fährt er ab?
● Einfach oder hin und zurück?
● Einfach, bitte.
● Um neun Uhr.
● Erster Klasse oder zweiter Klasse?
● Und wann kommt er in Dresden an?
● Erster Klasse.
● Um elf Uhr.
● Das macht hundertfünfzig Euro.
● Danke schön.
● Danke schön.

1 📖 Was passt zusammen? (◄◄ S. 50–51)

Beispiel: **1 a**

1 Es ist heiß.
2 Es ist kalt.
3 Es ist windig.
4 Es ist neblig.
5 Es regnet.
6 Es schneit.

2 ✏️ Füll die Lücken aus! (◄◄ S. 52–53)

Beispiel: **1 Ich werde nach Bonn fahren, wenn es *sonnig* ist.**

1 Ich werde nach Bonn fahren, wenn es _____ ist.
2 Ich werde Freunde besuchen, wenn _____ regnet.
3 Ich werde Ski fahren, wenn es _____ .
4 Ich werde zum Strand gehen, wenn es heiß _____ .
5 Ich _____ nicht Rad fahren, wenn es windig ist.
6 _____ werde zu Hause bleiben, _____ es wolkig ist.

> es   Ich   ist   werde   schneit
> sonnig   wenn

3 a 📖 Was machst du für die Umwelt?
Was passt zusammen? (◄◄ S. 54–55)

Beispiel: **1 d**

1 Ich recycle keine Flaschen.
2 Ich fahre immer mit dem Rad.
3 Ich recycle Zeitungen.
4 Ich trenne nicht immer meinen Müll.
5 Ich dusche oft.
6 Ich fahre meistens mit dem Auto.

3 b 📖 Lies die Texte in Übung 3a noch einmal durch! Ist das umweltfreundlich 😊 oder umweltfeindlich 🙁? (◄◄ S. 54–55)

Beispiel: **1 **

1 🖉 **Wie ist das Wetter? Sieh dir die Bilder an und schreib Sätze!**
(◄◄ S. 50–51)

Beispiel: **a Es ist wolkig.**

2 🖉 **Was wirst du am Wochenende machen? Schreib Sätze!** (◄◄ S. 52–53)

Beispiel: **Sabine: Ich werde am Samstag Ski fahren, wenn es schneit, aber ich werde …**

Sabine

Max

3 📖 **Richtig (R), falsch (F) oder nicht im Text (NT)?** (◄◄ S. 54–55)

Beispiel: **1 F**

Umwelttipps!

- Du kannst Energie sparen, wenn du fernsiehst! Das Bild darf nicht zu hell sein und du musst den Fernseher ausschalten, wenn du mehr als einen halben Tag nicht fernsiehst.

- Duschen ist besser als baden, weil es weniger Wasser und damit auch weniger Energie für Warmwasser verbraucht. Es ist auch besser für die Haut.

- Mach einen Komposthaufen im Garten! Du hast dann nicht so viel Müll und es ist gut für den Garten. Obst (aber keine Orangen), Gemüse, Gras, Asche und auch ein bisschen Papier kommt alles auf den Komposthaufen.

Freunde besuchen zu Hause bleiben	
nach Berlin Rollschuh Ski	fahren
zum Strand zum Sportzentrum schwimmen	gehen

sparen – *to save*
hell – *bright*
ausschalten – *to switch off*
die Haut – *skin*

1 Turning the brightness down on televisions doesn't save energy.

2 If you're not going to watch TV for half a day or more, you should turn it off.

3 Showers are more energy efficient because they use less water than baths.

4 People with sensitive skin should not have a bath.

5 Compost heaps mean you have more rubbish in your bin.

6 Oranges are the best things to put in compost.

1 📖 **Was passt zusammen?**
(◀◀ S. 60–61)

Beispiel: 1 b

1 Der Arm tut weh.
2 Der Fuß tut weh.
3 Ich habe Magenschmerzen.
4 Die Hände tun weh.
5 Ich habe Rückenschmerzen.
6 Ich habe Halsschmerzen.

2 a ✏️ **Schreib Sätze! Die Wörter im Kasten können dir helfen.** (◀◀ S. 62–63)

Beispiel: 1 Ich esse nicht gern Fisch, aber …

1 Ich esse  ✗ , aber ich esse ✔.

2 Ich esse  ✗ – ich esse  ✔✔.

3 Ich trinke ✔ , aber ich trinke  ✔✔✔ .

4  ✔ , aber 🍇 ✔✔ und 🍰 ✔✔✔! Cola ✗

✗	nicht gern	✔✔	lieber
✔	gern	✔✔✔	am liebsten

Bananen Cola Fisch
Kaffee Kuchen Obst
Salat Schokolade
Wasser Wurst

2 b 📖 **Lies die Wörter im Kasten noch einmal durch! Ist das gesund oder ungesund? Was meinst du?** (◀◀ S. 62–63)

Beispiel: Bananen – das ist gesund.

3 📖 **Was passt zusammen?** (◀◀ S. 64–65)

Beispiel: 1 c, i

1 Ich spiele dreimal pro Woche Fußball.
2 Ich jogge jeden Tag, um fit zu sein.
3 Ich spiele zweimal pro Woche Tennis, um gesund zu sein.
4 Ich spiele einmal pro Woche Fußball. Das ist gesund.
5 Wie oft mache ich Yoga? Jeden Tag!
6 Ich gehe einmal pro Woche tanzen, um gesünder zu leben.

1 ✏️ **Was ist los? Schreib Sätze!** (◄◄ S. 60–61)

Beispiel: **1 Ich habe Kopfschmerzen./Der Kopf tut weh.**

2 a 📖 **Lies die Texte! Wer sagt das?**
(◄◄ S. 62–63)

Beispiel: **1 Martina**

1 Ich bin älter.
2 Ich lebe gesünder.
3 Ich bin der Fitteste von uns beiden.
4 Ich esse am liebsten ungesundes Essen.
5 Ich treibe nicht gern Sport.
6 Ich finde Hamburger besser als Salat.
7 Ich bin der Kleinere von uns beiden.
8 Ich esse lieber kein Fast-Food.

2 b ✏️ **Schreib einen kurzen Brief an Martina oder Stefan! Beschreib dich!**
(◄◄ S. 62–63)

3 📖✏️ **Füll die Lücken aus!**
(◄◄ S. 64–65)

Beispiel: **1 Ich spiele zweimal pro Woche Tennis, um fit zu sein, und am Wochenende gehe ich schwimmen.**

> Ich suche einen Brieffreund/eine Brieffreundin. Ich bin vierzehn Jahre alt, 1,60 m groß und ich bin sportlich. Ich spiele in einer Basketballmannschaft und ich fahre gern Rad, aber am liebsten gehe ich schwimmen. Mein Lieblingsessen ist Fisch mit Kartoffeln und Karotten, und ich esse nicht gern Hamburger.
>
> Stefan, Hamburg

> Wer schreibt mir? Ich bin fünfzehn Jahre alt, 1,70 m groß und meine Hobbys sind fernsehen und Computerspiele, aber ich mag Sport nicht. Am Wochenende schlafe ich am liebsten und ich esse auch gern Chips und Hamburger, aber Salat und Obst esse ich überhaupt nicht gern.
>
> Martina, Ulm

1 Ich   , um f_____ zu sein, und  .

2 Ich und ich , um g_____ zu leben, und .

  😊 , aber 😦 .

3   um _____ _____ _____ . Ich habe einmal geraucht, aber Rauchen ist un_____ .

1 📖 **Was passt zusammen?** (◀◀ S. 68–69)

Beispiel: **1 e**

1 Ich bin mit dem		**a**	getrunken.
2 Ich bin		**b**	Zeitschrift gekauft.
3 Ich habe nichts		**c**	gelesen.
4 Ich habe eine		**d**	aufs Klo gegangen.
5 Ich habe ein Buch		**e**	Flugzeug geflogen.
6 Ich habe Apfelsaft		**f**	gemacht.

2 📖 **Was passt jeweils nicht?** (◀◀ S. 70–71)

Beispiel: **1 Geschichte**

1 Zum Mittagessen gibt es Bohnen, Geschichte, Hähnchen und Kartoffeln.

2 Zum Mittagessen gibt es Zwiebelsuppe, Erbsen, Schweinekoteletts und Kulis.

3 Zum Mittagessen gibt es Tomatensuppe, Erdkunde, Bohnen und Schweinekoteletts.

4 Zum Abendessen gibt es Kartoffeln, Straßenbahn, Schweinekoteletts und Quark.

5 Zum Abendessen gibt es Hähnchen, Kartoffeln, Möhren und Doppelhaus.

6 Zum Abendessen gibt es Zwiebelsuppe, Bleistift, Hähnchen und Möhren.

3 ✏️ **Schreib die Meinungen zu den Geschenken auf!** (◀◀ S. 72–73)

Beispiel: **Eine Tafel Schokolade ist ein gutes Geschenk.**

Eine Baseballmütze Ein Bierkrug Eine Tafel Schokolade Eine Tüte Bonbons	ist	ein gutes/schlechtes Geschenk.
Bücher Plüschtiere	sind	

1 ✏️ **Sieh dir die Bilder an und schreib Sätze, um die Reise zu beschreiben!** (◀◀ S. 68–69)

Beispiel: **a** Der Zug ist um elf Uhr von London abgefahren.

2 ✏️ **Füll die Lücken mit den passenden Wörtern aus dem Kasten aus!** (◀◀ S. 70–71)

Beispiel: **Herr Schmidt: Reich mir bitte den *Salat*, Julia.**

> **Herr Schmidt:** Reich mir bitte den _____ , Julia.
>
> **Julia:** Den Salat – _____ .
>
> **Herr Schmidt:** _____ du noch etwas Fleisch?
>
> **Julia:** Ja, bitte – es ist lecker! Geben Sie mir bitte das _____ .
>
> **Herr Schmidt:** Hier … das Rindfleisch.
>
> **Thomas:** Frau Schmidt, möchten _____ noch etwas essen?
>
> **Frau Schmidt:** Ja, gib mir die _____ , bitte.
>
> **Thomas:** Die Bohnen … bitte schön.
>
> **Julia:** Thomas, _____ mir bitte die Soße.
>
> **Thomas:** Hier … bitte schön.
>
> **Julia:** _____ .

> bitte schön   Bohnen   Danke schön   Möchtest
> reich   Rindfleisch   Salat   Sie

3 📖 **Lies den Brief und die Sätze unten! Was passt zusammen?** (◀◀ S. 72–73)

Beispiel: **1 e**

1 Laura meint, dass
2 Sie meint, dass Pralinen
3 Sie meint, dass Vatis Buch
4 Sie meint, dass Trudis Geschenk
5 Sie meint, dass Bonbons
6 Sie meint, dass Schokolade

a langweilig ist.
b ein gutes Geschenk für Lumpi ist.
c ein furchtbares Geschenk sind.
d ein schlechtes Geschenk sind.
e Sylt langweilig ist.
f interessant ist.

> Liebe Anna,
>
> ich verbringe eine Woche auf der Insel Sylt (langweilig!) und ich möchte einige Geschenke für die Familie kaufen – aber hier gibt es nicht viele Geschäfte! Ich kaufe Pralinen für Mutti, aber sie mag Pralinen nicht und das ist ein schlechtes Geschenk für sie! Für Vati kaufe ich ein Buch und das ist ein ziemlich gutes Geschenk (es ist ein interessantes Buch!), aber für meine Schwester Trudi kaufe ich nur Bonbons und das ist so langweilig – das ist ein furchtbares Geschenk! Aber das beste Geschenk ist für den Hund – für Lumpi kaufe ich eine schöne Tafel Schokolade – und er mag Schokolade unheimlich gern!
>
> Deine Laura

1 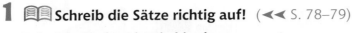 **Schreib die Sätze richtig auf!** (◀◀ S. 78–79)

Beispiel: **Norbert ist ein bisschen arrogant.**

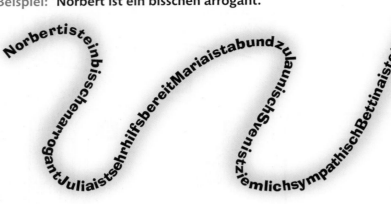

NorbertisteinbisschenarrogantJuliaistsehrhilfsbereitMariaistabundzulaunischSvenistziemlichsympathischBettinaistetwasschüchternBodoisteinbisschenfaul

2 **Vervollständige die Sätze!** (◀◀ S. 80–81)

Beispiel: **1 Ich muss *früh ins Bett gehen*.**

> ab und zu Staub saugen
> früh ins Bett gehen
> jeden Tag abwaschen
> keine laute Musik hören
> mein Zimmer aufräumen
> nicht spät nach Hause kommen

1 Ich muss  .

2 Ich darf  .

3 Ich muss  .

4 Ich muss  .

5 Ich darf  .

6 Ich muss 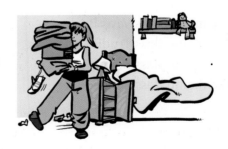 .

3 ✏ **Schreib die Sätze richtig auf! Egal wie!** (◀◀ S. 84)

Beispiel: **1 Mein idealer Freund ist ziemlich *cool* und *sympathisch*.**

1 Mein idealer Freund ist ziemlich faul und launisch.

2 Er ist auch arrogant und er ist nie sympathisch.

3 Er ist nie freigiebig und meistens nicht ehrlich.

4 Er ist etwas arrogant und nicht sehr geduldig.

5 Er ist nicht selbstbewusst und er ist oft nervig.

1 📖 **Lies den Text über Peters Freunde und beantworte die Fragen!** (◄◄ S. 78–79)

Beispiel: **1 Peter findet Frank schüchtern und ab und zu nervig.**

Who does Peter think is …

1 shy and occasionally irritating?

2 mostly nice and very cool?

3 funny and helpful?

4 a bit moody and sometimes arrogant?

5 his 'worst' friend?

> Ich habe viele „Freunde" und ich finde die meisten toll – aber nicht alle! Wolfgang ist witzig und hilfsbereit und Barbara ist meistens sympathisch und sehr cool. Sybille finde ich aber etwas launisch und manchmal arrogant. Frank ist schüchtern und ab und zu nervig, aber Cordula ist meine „unmöglichste" Freundin – sie ist launisch, arrogant und nervig!
>
> *Peter, 16, Berlin*

2 a 📖 **Was muss Manfred machen? Was darf er nicht machen? Lies seine E-Mail, sieh dir die Symbole an und bring die Bilder in die richtige Reihenfolge!** (◄◄ S. 80–81)

Beispiel: **d, …**

> Hi Martin,
>
> wie findest du dein Leben zu Hause? Ich bin hier nicht zufrieden, weil meine Eltern sehr streng sind! Jeden Tag muss ich früh aufstehen und früh ins Bett gehen. Ich finde das furchtbar – am Abend komme ich gern spät nach Hause, aber das darf ich fast nie. Außerdem muss ich jeden Tag abwaschen, Staub saugen und mein Bett machen. Das finde ich viel zu streng – die meisten meiner Freunde machen das nicht! Aber das Schlimmste ist, dass ich keine laute Musik hören darf – das ist sehr unfair, findest du nicht? Wie findest du deine Eltern? Und was musst du machen? Schreib mir eine E-Mail!
>
> Bis bald
>
> Manfred

2 b ✏️ **Schreib eine Antwort auf Manfreds E-Mail! Schreib über dich selbst oder erfinde jemanden!** (◄◄ S. 80–81)

Beispiel: **Lieber Manfred, meine Eltern sind auch sehr streng und …**

3 📖 **Lies den Brief von „Deprimiert" an Tante Claudia. Richtig (R) oder falsch (F)?** (◄◄ S. 82–83) ►

Beispiel: **1 F**

1 Deprimiert isst zu viele Erbsen.

2 Er isst zu viele Pralinen.

3 Er wiegt 100 Kilo.

4 Er ist nicht sportlich.

5 Er hat eine schöne Freundin.

> Liebe Tante Claudia,
>
> hilf mir bitte! Ich esse zu viel Schokolade! Ich esse zu viele Pralinen! Ich sehe gern fern! Ich wiege schon fast 80 Kilo. Außerdem hasse ich Sport, Fußball usw. und deshalb bekomme ich keine Bewegung. Ich habe richtig Angst, dass ich nie eine Freundin haben werde. Kannst du mir helfen?
>
> Deprimiert, Düsseldorf

1 📖 Was passt zusammen? (◀◀ S. 86–87)

Beispiel: **1** e, l

1 Mein Onkel gibt mir 6 Euro pro Woche.

2 Meine Großeltern geben mir 8 Euro pro Woche.

3 Meine Mutter gibt mir 5 Euro pro Woche.

4 Ich bekomme kein Taschengeld.

5 Meine Eltern geben mir 3 Euro pro Woche.

6 Meine Großmutter gibt mir 4 Euro pro Woche.

a Großeltern   **b** Großmutter   **c**   **d** Eltern   **e** Onkel   **f** Mutter

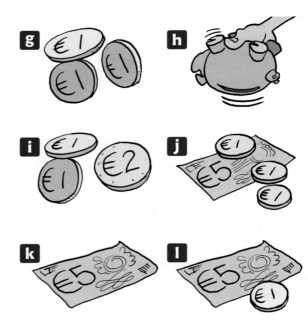

g   **h**   **i**   **j**   **k**   **l**

2 📖 Lies die Sätze und wähl *a*, *b* oder *c*! (◀◀ S. 88–89)

Beispiel: **1** a

1 Ich arbeite an einer   **a)** Tankstelle   **b)** Katze   **c)** Hose.

2 Ich habe keinen   **a)** Montag   **b)** Nebenjob   **c)** Bier.

3 Ich trage   **a)** Hunde   **b)** Pferde   **c)** Zeitungen   aus.

4 Ich mache   **a)** Wurst   **b)** Schlangen   **c)** Babysitting.

5 Ich arbeite auf einem   **a)** Fahrrad   **b)** Bauernhof   **c)** Käse.

6 Ich arbeite in einem   **a)** Supermarkt   **b)** Bierkrug   **c)** Kaninchen.

3 ✏️ Was möchten diese Leute werden? Sieh dir die Bilder an und schreib Sätze! (◀◀ S. 90–91)

Beispiel: **1** Ich möchte Tierärztin werden.

Krankenschwester
Zahnarzt
Computertechniker
Mechanikerin
Tierärztin
Friseur

1 ✏️ **Wer bekommt wie viel? Schreib Sätze!** (◀◀ S. 86–87)

Beispiel: a Bernds Oma gibt ihm fünf Euro fünfzig pro Woche.
  b Juttas … gibt ihr …

2 ✏️ **Wer macht was? Schreib Sätze!** (◀◀ S. 88–89)

Beispiel: a Bernhard macht Babysitting.

Bernhard   Norbert   Ute   Bodo   Ulli

Beate

3 📖 **Was passt zusammen?** (◀◀ S. 90–91)

Beispiel: **1 d**

1 Ich möchte in einem Büro arbeiten,	**a** weil ich Leuten helfen will.
2 Ich möchte als Mechaniker arbeiten,	**b** weil ich mich für Schönheit interessiere.
3 Ich möchte Zahnarzt werden,	**c** weil ich gern mit Kindern arbeite.
4 Ich möchte als Krankenschwester arbeiten,	**d** weil ich gern mit anderen Leuten arbeite.
5 Ich werde eine Stelle als Lehrer suchen,	**e** weil ich mich für Autos interessiere.
6 Ich möchte Friseurin werden,	**f** weil Zahnärzte viel Geld verdienen.

1 a 📖 ✏️ **Finde eine Frage und eine Antwort!** (◄◄ S. 96–97)

Beispiel:

wasichmöchtedunachinÖsterreichdenfahrenFerienundmachenWienbesichtigen

Frage: __Was__ _____ ____ ____ _____

_____ _____ ?

Antwort: __Ich__ _____ _____ _____

_____ _____ _____ _____

_____ .

1 b ✏️ **Schreib deine eigene Antwort auf die Frage!** (◄◄ S. 96–97)

Beispiel: **Ich möchte an den Strand gehen.**

2 📖 **Lies die E-Mail und wähl die richtigen Bilder (a–e)!** (◄◄ S. 98–99)

Beispiel: **a? b? c? ...?**

An:	Hotel Westertal
Von:	Harald Ackermann
Betr.:	Reservierung

Ich möchte ein Zimmer für zwei Erwachsene und ein Kind reservieren. Wir kommen am 17. Juli an und wir bleiben vier Nächte. Haben Sie noch Zimmer frei und was kostet das, bitte?

Mit besten Grüßen

Harald Ackermann

a 🛏️ 17.7. 4x🌙

b 🚐 4x🌙 👤👤👤 7.6.

d 🛏️ 👤👤👤 17.7. 4x🌙

e 🛏️ 👤👤 17.6. 14x🌙

3 📖 **Was passt zusammen?** (◄◄ S. 100–101)

Beispiel: **1 c**

1 Ich möchte einen Liter Milch kaufen.
2 Wir könnten nach Hause telefonieren.
3 Ich möchte zum Auto gehen.
4 Ich möchte Tischtennis spielen.
5 Ich muss eine Tasse Kaffee machen.
6 Ich möchte Wurst und Pommes frites essen.

a Wo ist das Wasser?
b Wie komme ich zum Parkplatz?
c Wo ist der Kiosk?
d Wann ist das Restaurant geschlossen?
e Wo sind die Telefonzellen?
f Wo ist der Spielplatz?

1 📖 ✏️ **Wie ist die richtige Reihenfolge? Schreib den Brief richtig auf!** (◀◀ S. 96–97)

Beispiel: e, …

a vom 20. Juli bis zum 26. Juli, in Ihrer Gegend verbringen.

b in der Stadtmitte und was könnten wir in Zürich

c Mit besten Grüßen

d meine Jugendgruppe möchte in die Schweiz fahren und

e Hannover, 1. April

f die Sehenswürdigkeiten. Wir sind 15 Jugendliche

g Ihre Gabi Geißler

h Sehr geehrte Damen und Herren,

i machen? Ich möchte auch eine Broschüre über

j Ich danke Ihnen im Voraus.

k ich möchte Informationen über Ihr Hotel. Ist es

l und drei Erwachsene aus Hannover und wir
möchten eine Woche,

2 ✏️ **Sieh dir den Reservierungszettel an
und schreib eine E-Mail an das Hotel!**
(◀◀ S. 98–99)

Beispiel:

An: Hotel Südblick
Von: Heidi Alpenstock
Betr.: Reservierung

Ich möchte ein Zimmer für zwei Erwachsene
und …

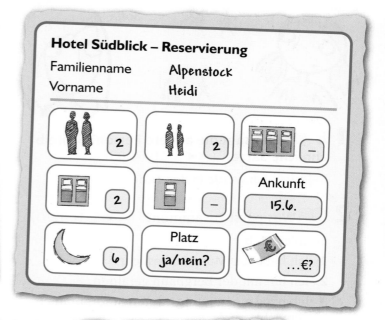

Hotel Südblick – Reservierung
Familienname Alpenstock
Vorname Heidi

2 · 2 · –

2 · – · Ankunft 15.6.

6 · Platz ja/nein? · …€?

3 📖 **Richtig (R), falsch (F) oder nicht
im Text (NT)?** (◀◀ S. 102)

Beispiel: 1 R

1 Es gibt eine Jugendherberge in
Aachen.

2 Die Jugendherberge ist altmodisch.

3 Man kann nicht auf der
Sonnenterrasse essen.

4 Familien können dreißig Prozent
billiger übernachten.

5 Behinderte sind nicht willkommen.

6 Das Abendessen endet um 21.10
Uhr.

behindert – *disabled*

Herzlich willkommen in der
Jugendherberge Aachen!

Die vollständig modernisierte
Jugendherberge Aachen bietet eine
moderne Innenausstattung und viele
Zimmer. Es gibt ein schönes Bistro mit
Sonnenterrasse, neue Tagungsräume
und viele behindertenfreundliche
Zimmer – alle Gästegruppen können
sich hier richtig wohl fühlen.

PREISLISTE

Übernachtung mit Frühstücksbüfett	€ 21,10
Familienermäßigung	30%
Mittagessen/Abendessen	je € 5,00
Lunchpaket	€ 4,95

1 a 📖 Wer spricht? Welche *vier* Personen passen? (◀◀ S. 104–105)

Beispiel: 1 Türkan

> **1** Ich werde in den Ferien jeden Tag windsurfen und schwimmen gehen, aber ich werde nicht reiten – das finde ich doof!

> **2** In den Sommerferien wird es toll sein: Ich werde wandern und reiten, aber ich finde schwimmen langweilig, also werde ich nicht schwimmen gehen.

> **3** Ich werde im Sommer sehr viel fotografieren – das wird Spaß machen. Und ich habe viel Geld zum Geburtstag bekommen, also werde ich oft einkaufen gehen. Das finde ich sehr interessant.

> **4** Ich werde in den Sommerferien jeden Tag schwimmen gehen, aber ich werde auch einkaufen gehen. Wandern ist nicht schlecht, aber das werde ich diesen Sommer nicht machen.

Diana   Sofia

Türkan

Ines   Carsten

1 b ✏️ Was sagt die andere Person? Schreib ähnliche Sätze! (◀◀ S. 104–105)

Beispiel: Ich werde in den Ferien …

2 📖 Was passt zusammen? (◀◀ S. 106–107)

Beispiel: 1 b

1 Ich habe das Museum besucht.

2 Ich bin mit der Bergbahn gefahren.

3 Ich habe einen interessanten Stadtbummel gemacht.

4 Ich bin mit dem Schiff gefahren.

5 Ich habe die Kapellbrücke gesehen – das war interessant.

6 Die Wanderwege waren toll – ich habe drei Stunden auf dem Berg verbracht.

Luzern
Unsere Touristen-Tipps!

3 ✏️ Füll die Lücken aus! Wähl Wörter aus dem Kasten! (◀◀ S. 108–109)

Beispiel: 1 Ferien

Normalerweise fahre ich in den (**1**) _____ nach Frankreich, aber dieses Jahr habe ich zwei (**2**) _____ in einem Hotel in (**3**) _____ verbracht. Das war (**4**) _____ ! Das Hotel war laut und (**5**) _____ , das Restaurant war teuer und das (**6**) _____ war schlecht – ich war die ganze (**7**) _____ krank. Und am ersten Tag habe ich meinen (**8**) _____ verloren!

> Essen   Zeit   Ferien   Portugal   schmutzig   Fotoapparat   katastrophal   Wochen

1 📖 🖊 **Lies die Broschüre über einen Urlaub auf dem Mars! Was wirst du machen? Wie wird das sein? Schreib etwa 50 Wörter!** (◀◀ S. 104–105)

Beispiel:

> In den Ferien werde ich das Museum für Raumfahrt besichtigen – das wird toll sein …

Ferientipps!

- Das Museum für Raumfahrt Ausstellung: Der blaue Planet – gibt es intelligentes Leben auf der Erde?

- Freizeitpark-Mars-Zentral Spaß und tolle Fahrten für die ganze Familie!

- Das größte Fernrohr auf dem Mars! Sieh dir die Erde und andere Planeten durch dieses Fernrohr an!

- Besuch die berühmte Schokoladenfabrik! Hier kannst du die beste Schokolade probieren, die es gibt.

- Raumfahrtgesellschaft Mars-Nord Flieg mit uns zum Mond (und zurück)!

- Naturschutzgebiet und Zoo Interessante Tiere aus dem ganzen Universum!

2 📖 **Lies Minas Bericht! Sind die Sätze 1–6 richtig (R), falsch (F) oder nicht im Text (NT)?** (◀◀ S. 106–107)

Beispiel: **1 F**

1 Mina hat ein Jahr Urlaub in Österreich gewonnen.

2 Sie ist nach Wien geflogen.

3 Ein Popstar war auch im Hotel.

4 Sie hat den Freizeitpark nicht sehr interessant gefunden.

5 Normalerweise isst sie in teuren Restaurants.

6 An einem Abend hat sie klassische Musik gehört.

3 📖 🖊 **Füll die Lücken aus! Schreib den ganzen Text richtig auf!** (◀◀ S. 108–109)

Beispiel: **Letzten _Sommer_ habe ich …**

Letzten _____ habe ich meinen Onkel auf seinem _____ im Barossatal in _____ besucht. Ich habe eine _____ lang die Weinberge gesehen, alte Gebäude _____ und deutsche Spezialitäten _____ . In der zweiten Woche sind wir ans Meer _____ und das war _____ ! Ich bin tauchen gegangen und ich _____ einen Haifisch gesehen – das _____ wirklich gefährlich! Dann bin ich _____ gefahren und habe einen _____ gehabt. Ich war zwei _____ im _____ !

Ich habe letzten Juli einen Kurzurlaub in Österreich gewonnen – das war wirklich super! Ich bin auf dem Wiener Flugplatz gelandet und bin von dort in einer Limousine zu einem erstklassigen Hotel gefahren – ich kam mir vor wie ein Popstar! In Wien habe ich alle Sehenswürdigkeiten gesehen – am besten war der Freizeitpark, weil ich mit dem Riesenrad gefahren bin. Das habe ich toll gefunden! Abends habe ich in teuren Restaurants gegessen und ich bin auch zu einem klassischen Konzert gegangen. Das war ziemlich lang, aber ich habe es gut gefunden. Insgesamt habe ich fünf Tage in Wien verbracht – das war toll!

Mina aus Kiel

> Bauernhof   besichtigt   gefahren
> gegessen   habe   katastrophal
> Krankenhaus   Sommer   Südaustralien
> Tage   Unfall   war   Wasserski   Woche

Grammatik

A Masculine/feminine/neuter, singular/plural

A1 **Number**   page 139
A2 **Gender**   page 139
A3 **Articles**   page 139
A3.1 The definite article: *der, die, das, die*
A3.2 The indefinite article: *ein, eine, ein*
A3.3 The negative article: *kein, keine, kein, keine*
A4 **Nouns**   page 140
A5 **Plural of nouns**   page 140
A6 **Possessive adjectives**   page 140
A7 **Dieser, diese, dieses, diese**   page 140

B Case

B1 **The nominative**   page 140
B2 **The accusative**   page 140
B3 **The dative**   page 141

C Other parts of a German sentence

C1 **Prepositions**   page 141
C1.1 Prepositions + dative
C1.2 Prepositions + accusative
C1.3 Prepositions + dative or accusative
C2 **Adjectives**   page 141
C2.1 Adjectives after the indefinite article
C3 **Comparatives and superlatives**   page 142
C4 **Words for 'you'**   page 142
C5 **Pronouns**   page 142
C5.1 Subject pronouns
C5.2 Indirect object pronouns

D Verbs

D1 **The present tense of regular verbs**   page 143
D2 **The present tense of irregular verbs**   page 143
D3 **Sein**   page 143
D4 **Modal verbs**   page 143
D5 **Separable verbs**   page 144
D6 **Reflexive verbs**   page 144
D7 **The perfect tense**   page 144
D8 **The imperfect tense**   page 144
D9 **The future tense**   page 145
D10 **The conditional**   page 145
D11 **Es gibt**   page 145
D12 **Negatives**   page 145
D13 **Gern, lieber and am liebsten**   page 145
D14 **Giving instructions (the imperative)**   page 146

E Word order

E1 **Basic word order**   page 146
E2 **Verb as second idea**   page 146
E3 **Time – manner – place**   page 146
E4 **Connectives**   page 146
E5 **Reported speech**   page 146
E6 **Um ... zu ...**   page 146

F Asking questions

F1 **Verb first**   page 146
F2 **Question words**   page 147

G Alphabet, numbers, time

G1 **The alphabet**   page 147
G2 **Numbers**   page 147
G2.1 Cardinal numbers
G2.2 Ordinal numbers
G3 **The time**   page 148

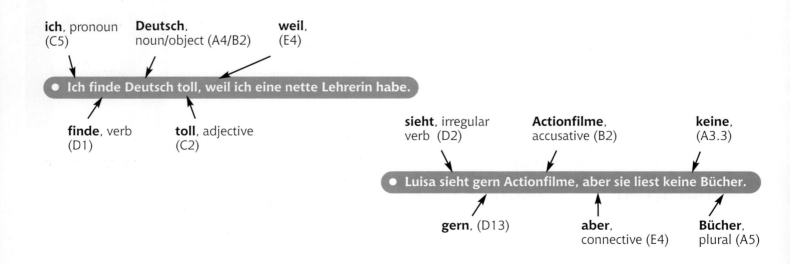

ich, pronoun (C5) **Deutsch**, noun/object (A4/B2) **weil**, (E4)

● Ich finde Deutsch toll, weil ich eine nette Lehrerin habe.

finde, verb (D1) **toll**, adjective (C2)

sieht, irregular verb (D2) **Actionfilme**, accusative (B2) **keine**, (A3.3)

● Luisa sieht gern Actionfilme, aber sie liest keine Bücher.

gern, (D13) **aber**, connective (E4) **Bücher**, plural (A5)

Glossary of terms

- **Adjectives** die Adjektive
  … are words that describe somebody or something:
  groß *big* **blau** *blue*

- **Articles (definite and indefinite)**
  … are the words 'the' and 'a':
  der, die, das *the*
  ein, eine, ein *a*

- **Cases**
  - The nominative case is used for the subject of the sentence:
    Der Junge spielt Klavier.
    The boy plays the piano.
  - The accusative case is used for the object of the sentence:
    Amelie kauft einen Kuli.
    Amelie buys a pen.
  - The dative case is used after some prepositions:
    Ich wohne in der Stadt.
    I live in the town.
    Tom wohnt auf dem Land.
    Tom lives in the country.
    Die Katze ist neben der Lampe.
    The cat is next to the lamp.

- **Infinitive** der Infinitiv
  … is the 'name' of the verb as listed in the dictionary:
  spielen *to play* **gehen** *to go*
  haben *to have* **sein** *to be*

- **Nouns** die Nomen
  … are words for somebody or something:
  das Haus *house* **die Tür** *door*
  der Bruder *brother*

- **Object** das Objekt
  … is a person or thing affected by the verb:
  Ich esse einen Apfel. *I eat an apple.*
  Ich spiele Tennis. *I play tennis.*

- **Prepositions** die Präpositionen
  … are words used with nouns to give information about where, when, how, with whom, etc.:
  mit *with* **aus** *from* **nach** *to*
  zu *to* **in** *in*

- **Pronouns** die Pronomen
  … are short words used instead of a noun or name:
  ich *I* **du** *you*
  er *he, it* **sie** *she, it* **es** *it*

- **Singular and plural** Singular und Plural
  - 'singular' refers to just one thing or person:
    Hund *dog*
    Bruder *brother*
  - 'plural' refers to more than one thing or person:
    Hunde *dogs*
    Brüder *brothers*

- **Subject** das Subjekt
  … is a person or thing 'doing' the verb:
  Martina lernt Deutsch. *Martina is learning German.*
  Ich gehe ins Kino. *I am going to the cinema.*

- **Verbs** die Verben
  … express an action or a state:
  ich wohne *I live* **ich habe** *I have*
  ich bin *I am* **ich mag** *I like*

Masculine/feminine/neuter, singular/plural

A1 Number

Many words in German change according to whether they are **singular** or **plural**.

You use the singular when there is **only one** of something or someone.

You use the plural when there **is more than one** of something or someone:

das Auto *the* **car** die Autos *the* **cars**

ich wohne ***I*** *live* wir wohnen **we** *live*

A2 Gender

Many words in German also change according to whether they are **masculine**, **feminine** or **neuter**.

This is called **grammatical gender**. It does not exist in English, but it does in most other languages.

The grammatical gender of something has nothing to do with its sex or gender in real life.

For instance, in German 'table' is masculine but 'girl' is neuter!

A3 Articles

Articles are words like 'the' and 'a', and are usually used with nouns.

There are **three** kinds of article in German: definite ('the'), indefinite ('a') and negative ('not a').

The **gender** of an article must match the **gender** of the **word(s) it is with**.

Its **number** must match the **number** of the **word(s) it is with**.

In the **plural**, all genders have the same article.

A3.1 The definite article: *der, die, das, die*

The **definite article** means 'the':

masculine	feminine	neuter	plural
der	die	das	die

Das ist der Tisch. *That is* **the** *table*.

A3.2 The indefinite article: *ein, eine, ein*

The **indefinite article** means 'a'. There is **no plural** because **a** has no plural!

masculine	feminine	neuter
ein	eine	ein

Das ist ein Tisch. *That is* **a** *table*.

Grammatik

A3.3 The negative article: *kein, keine, kein, keine*

The **negative article** means 'not a' or 'not any' or 'no'.

masculine	feminine	neuter	plural
kein	keine	kein	**keine**

Das ist **kein** Tisch. *That is **not a** table* or *That **isn't a** table.*

A4 Nouns

A noun is a word used to **name something**.

Nouns are **objects** or **things**, but not all nouns are things that can be touched (e.g. 'laughter').

A good test of a noun is whether or not you can put 'the' in front of it (e.g. **the** book ✔; **the** have ✗).

All German nouns are either **masculine**, **feminine** or **neuter**, and either **singular** or **plural**.

When you see a noun, you can often work out its **gender** or **number** from its **article**:

masculine	feminine	neuter	plural
der Tisch	die Tasche	das Heft	**die Hefte**

A5 Plurals of nouns

There are different ways of making nouns plural in German, just as in English.

Unfortunately, there isn't really a quick rule – you just have to get the feel of them!

You haven't met all the different ways of forming plurals in *Na klar! 2*, but here are a few important ones:

- Feminine nouns: usually you just **add -n**:
  eine Katze – zwei Katze**n**

- Some nouns **stay the same** in the plural:
  ein Hamster – drei **Hamster**

- Some nouns **add -e**: ein Hund – drei Hund**e**

- Some nouns just add **-s**, as in English:
  ein Auto – zwei Auto**s**

- Some nouns add **-e**, but also take an umlaut (¨) on the first vowel: eine Maus – hundert M**ä**use

A6 Possessive adjectives

Possessive adjectives are words like 'my', 'your', 'his' and 'her'.

Their **gender** and **number** must match (or 'agree') and their endings change (just like *der*, *ein*, etc.).

Here are the endings they use:

	masculine	feminine	neuter	plural
my	mein	meine	mein	**meine**
your	dein	deine	dein	**deine**
his/its	sein	seine	sein	**seine**
her/its	ihr	ihre	ihr	**ihre**

	masculine	feminine	neuter	plural
our	unser	unsere	unser	**unsere**
your	euer	eure	euer	**eure**
their	ihr	ihre	ihr	**ihre**
your	Ihr	Ihre	Ihr	**Ihre**

mein Bruder *my brother*
deine Schwester *your sister*
sein Vater *his father*
ihre Schwestern *her sisters*

A7 Dieser, diese, dieses, diese

Dieser, etc. means 'this'. It follows the same pattern of endings as the definite article.

masculine	feminine	neuter	plural
dieser	diese	dieses	**diese**

Dieser Film ist eine Komödie. *This film is a comedy.*
Dieses Buch handelt von einem Hund. *This book is about a dog.*

B Case

Besides **number** and **gender**, German nouns and the words that go with them have a **case**.

The way cases work is quite complex, but they tell you certain simple things about the noun.

B1 The nominative

A word is in the nominative if it is the 'doer' of an action (and actions include words like 'is').

All the words listed so far have been in the nominative (e.g. *ein, der, kein, mein*).

Der Tisch **ist** braun. *The table is brown.*
Mein Bruder **wohnt** in London. *My brother lives in London.*
Seine Katze **ist** launisch. *His cat is moody.*

	masculine	feminine	neuter	plural
the	der	die	das	**die**
a	ein	eine	ein	**–**
not a	kein	keine	kein	**keine**

Dieser (this) uses the same endings in the nominative as the definite article (*der, die, das, die*).

The possessive adjectives (*mein, dein*, etc.) use the same endings as the negative article (*kein, keine, kein, keine*).

B2 The accusative

After verbs like *haben* or *es gibt*, and some prepositions, you use the accusative.

Words like *ein, mein*, etc., are different in the accusative – but only in the **masculine** form:

Ich habe **einen** Bruder. *I have a brother.*
Er hat **keinen** Stuhl. *He hasn't got a chair.*
Es gibt **einen** Supermarkt. *There's a supermarket.*

Es gibt **kein**en Park. *There isn't a park.*

	masculine	feminine	neuter	plural
the	**d**en	die	das	**die**
a	**ein**en	eine	ein	–
not a	**kein**en	keine	kein	**keine**

Dieser (this) uses the same endings in the accusative as the definite article (*den, die, das, die*).

The possessive adjectives (*mein, dein*, etc.) use the same endings as the negative article (*keinen, keine, kein, keine*).

B3 The dative

After some prepositions (e.g. *zu, mit, gegenüber, bei, seit*) you use the dative.

Words like *ein, mein*, etc., are different in the dative. You will have to learn them.

With *zu, der, die* and *das* change to **zum**, **zur** and **zum**.

mit **dem** Mann *with the man*

mit **meinem** Bruder *with my brother*

zum (= zu **dem**) Bahnhof *to the station*

zur (= zu **der**) Post *to the post office*

	masculine	feminine	neuter	plural
the	**d**em	**d**er	**d**em	**d**en
a	**ein**em	**ein**er	**ein**em	–
not a	**kein**em	**kein**er	**kein**em	**kein**en

Dieser (this) uses the same endings in the dative as the definite article (*dem, der, dem, den*).

The possessive adjectives (*mein, dein*, etc.) use the same endings as the negative article (*keinem, keiner, keinem, keinen*).

C Other parts of a German sentence

C1 Prepositions

Pre**positions** are words that tell you **where** things are (or their 'position'), for example 'on', 'under', 'by', 'at', 'with'.

C1.1 Prepositions + dative

Five of the prepositions you have met in *Na klar! 2* are always followed by the **dative**: *mit* (with), *zu* (to), *gegenüber* (opposite), *bei* (at/at the home of) and *seit* (since). (Don't forget that *zu dem* and *zu der* become *zum* and *zur*.)

mit **ihrem** Hund *with her dog*

zur Schule *to school*

gegenüber **der** Post *opposite the post-office*

bei **meinem** Onkel *at my uncle's (home)*

seit **einer** Woche *for (since) a week*

C1.2 Prepositions + accusative

So far you have only met one preposition that is always followed by the accusative: **für** (for):

für **meinen** Vater *for my father*

C1.3 Prepositions + dative or accusative

There is a group of prepositions which are sometimes followed by the dative and sometimes (but not as often) by the accusative. Here is a list of them with their meanings when followed by the dative:

an at, on (vertical things) *über above*

auf on (horizontal things) *unter underneath*

hinter behind *vor in front of*

in in *zwischen between*

neben near, next to

Es gibt Poster an **der** Wand. *There are posters on the wall.*

Wir treffen uns an **der** Bushaltestelle. *We're meeting at the bus-stop.*

Der Kuli ist auf **diesem** Tisch. *The pen is on this table.*

Das kaufst du in **einer** Bäckerei. *You buy that in a baker's shop.*

Ich warte neben **dem** Geldautomaten. *I'm waiting next to the cash machine.*

Remember that *in dem* and *an dem* usually become *im* and *am*.

Usually when there is **movement** involved (e.g. 'into' rather than 'in'), these same prepositions are followed by the **accusative**. (Don't forget that *in das* shortens to **ins**.)

Wir gehen **ins** Kino. *We're going (in)to the cinema.*

Gehst du **in den** Supermarkt? *Are you going (in)to the supermarket?*

Er läuft hinter **die** Schule. *He runs behind the school.*

C2 Adjectives

Adjectives are words that describe nouns. When adjectives come **after** the noun, they work just like English adjectives:

Die Tasche ist **blau**. *The bag ist blue.*

Das Haus ist **rot**. *The house is red.*

However, when adjectives come **before** the noun, you have to put an ending on them. The endings also change according to the gender, number and case of the noun they refer to.

C2.1 Adjectives after the indefinite article

Here are the adjective endings for **nominative**, **accusative** and **dative nouns**, after *ein/eine/ein* (or *kein/keine/kein, mein/meine/mein*, etc.).

They are almost, but not quite, like the endings on *der/die/das*:

	masculine	feminine	neuter	plural
nominative	**groß**er	**groß**e	**groß**es	**groß**en*
accusative	**groß**en	**groß**e	**groß**es	**groß**en*
dative	**groß**en	**groß**en	**groß**en	**groß**en

* A plural noun cannot be used with *ein* (as there is no plural of 'a'), but it can be used with *kein, mein, dein*, etc. If you use an adjective and noun without any article at all, the ending on plural adjectives in the nominative or accusative is -e.

Grammatik

Ich trage schwarz**e** Schuhe. *I'm wearing black shoes.*
Ich trage mein**e** schwarz**en** Schuhe. *I'm wearing my black shoes.*

Er hat ein**en** klein**en** Hund. *He has a little dog.*
Sein klein**er** Hund ist zu Hause. *His little dog is at home.*
Wo ist dein weiß**es** Hemd? *Where is your white shirt?*
Es ist mit mein**er** blau**en** Jacke. *It's with my blue jacket.*

C3 Comparatives and superlatives

You use the comparative to say 'bigger', 'louder', etc. In German, as in English, you add -er to the adjective. Some short adjectives also add an umlaut to the first vowel in the word.

klein → klein**er**
groß → größ**er**

The comparative of *gut* (good) is *besser* (better).
To say 'than', you use *als*.

Dein Haus ist größer **als** unser Haus. *Your house is bigger than our house.*

If you want to say the 'biggest', 'loudest', etc, you use the superlative. Just add -est or -st to the adjective, and then the correct adjective ending. The umlaut change in short adjectives still applies.

alt → **ältest(e)**

Das ist das **größte** Problem. *That's the biggest problem.*
Mein **ältester** Bruder heißt Karl. *My eldest brother is called Karl.*

The superlative of *gut* (good) is *best(e)* (best).

If you want to say something **is** the 'fastest', 'loudest', etc., you use *am* and add -sten or -esten to the adjective.

Das Leben in der Stadt ist **am lautesten**.
Life in town is the loudest.

Mit dem Zug fährt man **am schnellsten**.
You travel fastest by train.

C4 Words for 'you'

There are **three** German words for 'you', depending on the **number** of people and your **relationship** to them:

- du informal singular – for talking to **one** young person or friend:
  Kommst **du** mit?

- ihr informal plural – for talking to **more than one** young person or friend:
  Kommt **ihr** mit?

- Sie formal singular **or** plural – for talking to **one or more than one** older person or stranger:
  Kommen **Sie** mit?

C5 Pronouns

C5.1 Subject pronouns

Subject pronouns are words like 'I', 'you', 'he', etc. They are usually used with a verb.

ich	*I*
du	*you (informal singular)*
er	*he (or 'it', to refer to a masculine noun)*
sie	*she (or 'it', to refer to a feminine noun)*
es	*it (to refer to a neuter noun)*
man	*you, we, they, people*
wir	*we*
ihr	*you (informal plural)*
sie	*they*
Sie	*you (formal singular or plural)*

The subject pronoun **man** is used when you are not talking about anyone in particular. It is used to say 'one', 'people', 'you', 'they' or 'we':

Man kann das Schloss besichtigen. *You can visit the castle.*
Man tanzt bis spät in die Nacht. *They (People) dance late into the night.*

C5.2 Indirect object pronouns

Indirect object pronouns are pronouns in the dative case. They are used as a 'shorthand' way of saying **to** or **for** me/you/him, etc., even though we sometimes miss out the word 'to' or 'for' in English.

mir	uns
dir	euch
ihm	ihnen
ihr	Ihnen
ihm	

Gib **mir** das Buch. *Give (to) me the book.*
Seine Eltern geben **ihm** 10 Euro. *His parents give (to) him 10 euros.*

Indirect object pronouns are also used in certain expressions.

Das Bein tut **ihr** weh. *Her leg hurts.*
Wie geht es **dir**? *How are you?*

And indirect object pronouns are used after prepositions that take the dative case.

Du arbeitest mit **mir**. *You're working with me.*

D Verbs

D1 The present tense of regular verbs

Verbs are 'doing words' – they describe actions. With each verb you use a noun (e.g. *mein Bruder*) or a pronoun (*ich, du,* etc.). For each different person or pronoun you will need to use the correct verb **ending**.

In the present tense, **regular** verbs (verbs which follow the usual pattern) use the following endings:

ich wohn**e**	*I live, I'm living*
du wohn**st**	*you live, you're living*
er wohn**t**	*he lives, he's living*
sie wohn**t**	*she lives, she's living*
es wohn**t**	*it lives, it's living*
man wohn**t**	*you/we/they/people live, are living*
wir wohn**en**	*we live, we're living*
ihr wohn**t**	*you live, you're living*
sie wohn**en**	*they live, they're living*
Sie wohn**en***	*you live, you're living*

* For *du/Sie/ihr* ('you') see Section C4 on page 142.

Ich wohne in Manchester. *I live in Manchester.*
Mein Onkel wohnt in Dresden. *My uncle lives in Dresden.*
Sie wohnen in Leipzig. *They're living in Leipzig.*

Other verbs that work like this are:

machen	*to do*	kommen	*to come*
saugen	*to suck*	kochen	*to cook*

D2 The present tense of irregular verbs

Irregular (or **strong**) verbs use the same endings as regular verbs, but there is a difference: the first vowel usually changes in the *du* and *er/sie/es* forms. There are three types of vowel change:

- **tragen** *to wear*

ich trage	wir tragen
du tr**ä**gst	ihr tragt
er/sie/es/man tr**ä**gt	sie/Sie tragen

- **helfen** *to help*

ich helfe	wir helfen
du h**i**lfst	ihr helft
er/sie/es/man h**i**lft	sie/Sie helfen

- **sehen** *to see*

ich sehe	wir sehen
du s**ie**hst	ihr seht
er/sie/es/man s**ie**ht	sie/Sie sehen

Another important irregular verb is **haben** (to have) which drops the **b** in the *du* and *er/sie/es* forms:

- **haben** *to have*

ich habe	wir haben
du **hast**	ihr habt
er/sie/es/man **hat**	sie/Sie haben

Note also the following parts of *arbeiten* (to work), *segeln* (to sail) and *kegeln* (to bowl), in which a letter is added or dropped to make them easier to say:

du arbeit**e**st   wir/sie/Sie segeln/kegeln (not segelen/kegelen)

D3 *Sein*

The verb **sein** (to be) is totally different: you'll have to learn it off by heart!

- **sein** *to be*

ich **bin**	wir **sind**
du **bist**	ihr **seid**
er/sie/es/man **ist**	sie/Sie **sind**

D4 Modal verbs

These are verbs like 'will', 'must' and 'could', and they normally have to be used with another verb.

When they are used with another verb, that verb is in the **infinitive** and it goes to the **end** of the sentence.

Usually, the singular forms of modal verbs are different from others because the vowel changes.

Also, most modal verbs have no endings in the *ich* and *er/sie/es* forms.

können *to be able to* ('I can', etc.)	**dürfen** *to be allowed to* ('I may/can', etc.)
ich **kann**	ich **darf**
du **kannst**	du **darfst**
er/sie/es/man **kann**	er/sie/es/man **darf**
wir **können**	wir **dürfen**
ihr **könnt**	ihr **dürft**
sie/Sie **können**	sie/Sie **dürfen**

müssen *to have to* ('I must', etc.)	**mögen** *to like*
ich **muss**	ich **mag**
du **musst**	du **magst**
er/sie/es/man **muss**	er/sie/es/man **mag**
wir **müssen**	wir **mögen**
ihr **müsst**	ihr **mögt**
sie/Sie **müssen**	sie/Sie **mögen**

wollen *to want to*

ich **will**
du **willst**
er/sie/es/man **will**
wir **wollen**
ihr **wollt**
sie/Sie **wollen**

Willst du ins Kino gehen? *Do you want to go to the cinema?*
Ich **kann** nicht ausgehen. *I can't go out.*
Ich **muss** meine Hausaufgaben machen.
I must / have to do my homework.
Er **darf** keine Horrorfilme sehen.
He's not allowed to watch horror films.
Wir **mögen** Martial-Arts-Filme unheimlich gern.
We really like martial arts films.

Grammatik

D5 Separable verbs

Some verbs are in **two parts**. They consist of the **normal verb** and a **separable prefix**.

The normal verb goes in the usual place (second idea), but the prefix goes at the **end** of the sentence.

When listed in a dictionary or glossary, the separable prefix is always listed first.

Here is a separable verb in full:

einkaufen *to shop*

ich **kaufe ein**
du **kaufst ein**
er/sie/es **kauft ein**
wir **kaufen ein**
ihr **kauft ein**
sie/Sie **kaufen ein**

Ich **kaufe** am Montag **ein**. *I go shopping on Monday.*
Er **kauft** mit seiner Mutter **ein**. *He goes shopping with his mother.*
Sie **kaufen** in Berlin **ein**. *They go shopping in Berlin.*

Here are some other separable verbs you have met:

abwaschen (ich wasche ab) *to wash up*
aufräumen (ich räume auf) *to tidy up*
aufstehen (ich stehe auf) *to get up*
fernsehen (ich sehe fern) *to watch TV*

D6 Reflexive verbs

Reflexive verbs use a subject pronoun **and** an object pronoun.

Ich wasche **mich**. *I wash (myself).*
Er zieht **sich** an. *He gets dressed (dresses himself).*

D7 The perfect tense

- The perfect tense is used to talk about things that happened in the past.
  It is made up of two parts: the **auxiliary** (or 'helping') **verb** and the **past participle**.
  The auxiliary verb goes in the usual place (second): it is usually **haben**.
  The past participle goes at the **end** of the sentence.

- To form the past participle, you take the **-en** off the infinitive of the verb. Then you (usually) add **ge-** to the beginning of the word and **-t** to the end.

  ich habe **ge**spiel**t**   *I played, I have played*
  du hast **ge**mach**t**   *you did, you have done*
  er/sie/es hat **ge**kauf**t**   *he/she/it bought, has bought*
  wir haben **ge**spiel**t**   *we played, we have played*
  ihr habt **ge**mach**t**   *you did, you have done*
  sie/Sie haben **ge**kauf**t**   *they/you bought, have bought*

- Some verbs are irregular in the perfect tense. They still make their perfect tense with *haben*, but the past participle is formed differently. You (usually) change the **vowel** in the participle and keep the **-en** from the infinitive on the end.
  Here are the ones you have learnt so far:

  essen → ich habe … **gegessen**   *I ate/have eaten …*
  trinken → ich habe … **getrunken** *I drank/have drunk …*
  sehen → ich habe … **gesehen**   *I saw/have seen …*

- Verbs that begin with *ver-* or *be-* do not add *ge-*.

  Ich habe es vergessen. *I forgot/have forgotten.*
  Er hat seine Oma besucht. *He visited/has visited his granny.*

- Another group of verbs form their perfect tense with **sein** (to be). These are usually **verbs of movement**.
  As with the other verbs, the auxiliary (*sein*) is in second place and the participle still goes at the end of the sentence.

- Some of the verbs which take *sein* are: *fahren* (to go/drive), *gehen* (to go/walk), *kommen* (to come), *fliegen* (to fly), *bleiben* (to stay) and *schwimmen* (to swim).

  Ich **bin** mit dem Bus **gefahren**. *I travelled/have travelled by bus.*
  Du **bist** ins Kino **gegangen**. *You went/have gone to the cinema.*
  Er/Sie/Es/Man **ist** zur Party **gekommen**. *He/She/It/We came to the party.*
  Wir **sind** nach London **geflogen**. *We flew to London.*
  Ihr **seid** gut **geschwommen**. *You swam well.*
  Sie/Sie **sind** zu Hause **geblieben**. *They/You stayed at home.*

- In the perfect tense, separable verbs have *-ge-* between the separable prefix (*auf, um, fern,* etc.) and the past participle. Some separable verbs take *haben* and some take *sein*.

  Wir haben fern**ge**sehen. *We watched/have watched TV.*
  Der Zug ist spät ab**ge**fahren. *The train left/has left late.*

- With reflexive verbs in the perfect tense, the object pronoun goes after the subject.

  Hast du **dich** schon gewaschen?
  Have you washed/Did you wash (yourself) already?

D8 The imperfect tense

The imperfect tense is another past tense.

sein (to be) ich **war** (I was), er/sie/es **war** (he/she/it was), sie **waren** (they were)
haben (to have) ich **hatte** (I had), er/sie/es **hatte** (he/she/it had), sie **hatten** (they had)
müssen (to have to, 'must') ich **musste** (I had to), wir **mussten** (we had to)
dürfen (to be allowed to, 'may/can') ich **durfte** (I was allowed to/could)

Der Film **war** langweilig. *The film was boring.*
Die Darsteller **waren** blöd. *The characters were stupid.*
Ich **musste** ruhig arbeiten. *I had to work quietly.*
Wir **durften** keine Handys ins Klassenzimmer bringen.
  We weren't allowed to bring mobile phones into the classroom.

Sein and *haben* are irregular:

sein	haben
ich **war**	ich **hatte**
du **warst**	du **hattest**
er/sie/es/man **war**	er/sie/es/man **hatte**
wir **waren**	wir **hatten**
ihr **wart**	ihr **hattet**
sie/Sie **waren**	sie/Sie **hatten**

Die Webseite **hatte** gute Links. *The website had good links.*
Wir **hatten** kein Geld. *We had no money.*

To form the imperfect tense of modal verbs, you take *-en* off the infinitive and add the following endings. *Müssen* and *dürfen* lose their umlaut.

ich	**-te**
du	**-test**
er/sie/es/man	**-te**
wir	**-ten**
ihr	**-tet**
sie/Sie	**-ten**

Ich muss**te** meine Hausaufgaben machen. *I had to do my homework.*

Sie durf**ten** nicht ausgehen. *They were not allowed to go out.*

D9 The future tense

One way of referring to the future is to use the present tense, usually with a time phrase.

Morgen gehe ich einkaufen. *I'm going shopping tomorrow.*
In den Ferien fahren wir nach Paris. *In the holidays we're going to Paris.*

To form the future tense proper, you use the correct part of the verb *werden* with the infinitive of another verb. The verb in the infinitive goes to the end.

ich **werde**	wir **werden**
du **wirst**	ihr **werdet**
er/sie/es/man **wird**	sie/Sie **werden**

Was **wirst** du am Wochenende **machen**?
What are you going to do at the weekend?
Ich **werde** nach Österreich **fahren**. *I'm going to go to Austria.*

D10 The conditional

You use the conditional to say what you **would** do. The modal verbs *mögen* and *können* are often used in the conditional:

mögen *(to like)* ich **möchte** *(I would like)*, du **möchtest** *(you would like)*, wir **möchten** *(we would like)*

können *(to be able to, 'can')* ich **könnte** *(I could)*, du **könntest** *(you could)*, wir **könnten** *(we could)*

These verbs are normally used with another verb, in the infinitive, which goes to the end of the sentence.

Was **möchtest** du in den Ferien **machen**? *What would you like to do in the holidays?*
Wir **könnten** nach Österreich **fahren**. *We could go to Austria.*

D11 *Es gibt*

- If you want to say 'there is' or 'there are', you use *es gibt* with the **accusative** case:
  Es gibt einen Supermarkt. *There is a supermarket.*

- If you want to say 'there is no' or 'there are no', use *es gibt + kein(e)(n) +* accusative case:
  Es gibt kein Schwimmbad. *There is no swimming pool.*

D12 Negatives

- *Nicht* means 'not' and it usually comes after the verb:
  Ich **bin nicht** doof. *I am not stupid.*

- However, when there is an object in the sentence, *nicht* comes after the object:
  Lena mag **Englisch nicht**. *Lena doesn't like English.*

(Don't forget that you use **kein** to say 'not a'. See Section A3.3 on page 140.)

- Other useful negatives are *nichts* (nothing), *nie* (never) and *niemand* (nobody, no one).

  Am Wochenende hat er **nichts** gemacht.
  At the weekend he did nothing/didn't do anything.
  Ich trage **nie** eine Krawatte. *I never wear a tie.*
  Niemand wird zur Party kommen.
  Nobody's coming to the party.

D13 *Gern, lieber and am liebsten*

To say what you like, don't like, prefer or like doing best of all, you use *gern, nicht gern, lieber* or *am liebsten*. These expressions go after the verb.

Ich spiele **gern** Fußball. *I like playing football.*
Du gehst **nicht gern** einkaufen. *You don't like going shopping.*
Sie hört **lieber** Musik. *She prefers listening to music.*
Wir sehen **am liebsten** fern. *We like watching TV best of all.*

Grammatik

D14 Giving instructions (the imperative)

When you give someone instructions (e.g. Turn right!) you use a particular form of the verb called the imperative.

- With friends and family, use the *du*-form without the *-st* ending. Some verbs also lose their umlaut. Put the verb first:

  Du **gehst** rechts. → **Geh** rechts! *Go right!*
  Du **fährst** mit dem Bus. → **Fahr** mit dem Bus! *Go by bus!*

- With teachers or adults you don't know very well, use the *Sie*-form. Again, the verb goes first:

  Sie gehen geradeaus. → **Gehen** Sie geradeaus!
  Go straight on!

E Word order

E1 Basic word order

Here is the basic word order in a German sentence:

noun/pronoun	verb	rest of the sentence
Ich	**spiele**	**Gitarre.**
Mark	**geht**	**in die Stadt.**

E2 Verb as second idea

In German, the verb is always in second place in a sentence or clause. It's not always the second word, because you can't separate a phrase like *in meinem Zimmer*, but the verb must be the second idea or concept in the sentence:

[Ich] [**habe**] [ein Bett] [in meinem Zimmer]

[In meinem Zimmer] [**habe**] [ich] [ein Bett]

E3 Time – manner – place

When you mention **when (time)**, **how (manner)** and **where (place)** you do something, you say the time first, then the manner and then the place.

Ich fahre **am Wochenende mit dem Auto** nach Paris.
Er fährt **mit dem Zug** nach Berlin.

E4 Connectives

Connectives are words that join sentences (or clauses, which are bits of sentences) together. For example, *und* (and), *oder* (or) and *aber* (but).

- These do not affect the word order in a sentence:
  Er singt. Er spielt. → Er singt **und** er spielt.
  He sings. He plays. → *He sings and he plays.*

Sie liest gern. Sie kocht nicht gern. → Sie liest gern, **aber** sie kocht nicht gern.
She likes reading. She doesn't like cooking. → *She likes reading but she doesn't like cooking.*

- However, the connectives *weil* (because) and *wenn* (if, when, whenever) send the verb in the second part of the sentence right to the end:

  Ich mag meinen Bruder. Er ist nett. → Ich mag meinen Bruder, **weil** er nett **ist**.
  I like my brother. He is nice. → *I like my brother because he is nice.*
  Ich spiele Tennis. Es ist sonnig. → Ich spiele Tennis, **wenn** es sonnig **ist**.
  I play tennis. It is sunny. → *I play tennis when it's sunny.*

- The connectives *zuerst* (first of all), *dann* (then), *danach* (afterwards) and *also* (so) need to be followed by the verb (verb as second idea).

  Zuerst gehe ich einkaufen, **dann** mache ich meine Hausaufgaben.
  First I'm going into town, then I'm doing my homework.

E5 Reported speech

When you want to report what someone thinks or says, you use *denken, meinen* or *sagen*, followed by a comma and the word *dass*. The verb in the second clause goes to the end.

Er sagt, **dass** Schokolade ein tolles Geschenk ist.
He says that chocolate is a great present.

E6 Um … zu …

To say 'in order to' (or, usually, just 'to'), you use *um* at the beginning of a clause and *zu*, with an infinitive, at the end.

Wir gehen auf den Markt, **um** Obst **zu** kaufen.
We're going to the market, (in order) to buy fruit.
Um fit **zu** bleiben, esse ich gesund.
(In order) to stay fit, I eat healthily.

F Asking questions

F1 Verb first

You can ask questions by putting the verb first in the sentence:

Du **hörst** Musik. → **Hörst** du Musik?
You are listening to music. → *Are you listening to music?*

Birgit **ist** sportlich. → **Ist** Birgit sportlich?
Birgit is sporty. → *Is Birgit sporty?*

F2 Question words

You can ask a question by starting with a question word. (Remember that the verb comes next.) Most German question words start with **w**:

wer	*who*
wo	*where*
wohin	*where (to)*
woher	*where from*
wann	*when*
was	*what*
wie	*how*
warum	*why*
wie viel(e)	*how much/many*

Wo wohnst du? *Where do you live?*
Wann kommt sie? *When is she coming?*
Wer ist das? *Who is that?*
Wohin gehst du? *Where are you going (to)?*
Woher kommst du? *Where do you come from?*

G Alphabet, numbers, time

G1 The alphabet

The German alphabet is like the English one but with four extra letters: ä ö ß ü

G2 Numbers

G2.1 Cardinal numbers

1 eins	6 sechs	11 elf	16 sechzehn
2 zwei	7 sieben	12 zwölf	17 siebzehn
3 drei	8 acht	13 dreizehn	18 achtzehn
4 vier	9 neun	14 vierzehn	19 neunzehn
5 fünf	10 zehn	15 fünfzehn	20 zwanzig

21 einundzwanzig	24 vierundzwanzig
22 zweiundzwanzig	25 fünfundzwanzig
23 dreiundzwanzig	

10 zehn	15 fünfzehn	11 elf
20 zwanzig	25 fünfundzwanzig	21 einundzwanzig
30 dreißig	35 fünfunddreißig	37 siebenunddreißig
40 vierzig	45 fünfundvierzig	43 dreiundvierzig
50 fünfzig	55 fünfundfünfzig	56 sechsundfünfzig
60 sechzig	65 fünfundsechzig	62 zweiundsechzig
70 siebzig	75 fünfundsiebzig	78 achtundsiebzig
80 achtzig	85 fünfundachtzig	84 vierundachtzig
90 neunzig	95 fünfundneunzig	99 neunundneunzig
100 hundert		

G2.2 Ordinal numbers

- To make the ordinal numbers (first, second, etc.) up to 19th you add **-ten** to the cardinal number.
  There are a few exceptions: first (*ersten*), third (*dritten*), seventh (*siebten*) and eighth (*achten*).

- To make the ordinal numbers from 20th upwards you add **-sten** to the cardinal number.

1st	ersten	11th	elften
2nd	zweiten	12th	zwölften
3rd	dritten	13th	dreizehnten
4th	vierten	14th	vierzehnten
5th	fünften	15th	fünfzehnten
6th	sechsten	16th	sechzehnten
7th	siebten	17th	siebzehnten
8th	achten	18th	achtzehnten
9th	neunten	19th	neunzehnten
10th	zehnten	20th	zwanzigsten

When giving dates, use **am** before the number:
Ich habe **am zwölften** Dezember Geburtstag.
My birthday is on the twelfth of December.

Grammatik

G3 The time

To tell the time, you say **es ist** followed by:

(zwei) Uhr

(zwei) Uhr fünfundfünfzig *or* fünf vor (drei)

(zwei) Uhr fünf *or* fünf nach (zwei)

(zwei) Uhr fünfzig *or* zehn vor (drei)

(zwei) Uhr zehn *or* zehn nach (zwei)

(zwei) Uhr fünfundvierzig *or* Viertel vor (drei)

(zwei) Uhr fünfzehn *or* Viertel nach (zwei)

(zwei) Uhr vierzig *or* zwanzig vor (drei)

(zwei) Uhr zwanzig *or* zwanzig nach (zwei)

(zwei) Uhr fünfunddreißig *or* fünfundzwanzig vor (drei)

(zwei) Uhr fünfundzwanzig *or* fünfundzwanzig nach (zwei)

(zwei) Uhr dreißig *or* halb (drei)

The 24-hour clock is used for things like travel information. You simply add 12 to the normal hour and follow it with a number between 1 and 59.

Der Zug nach Berlin fährt um dreizehn Uhr fünf ab.
The train to Berlin leaves at 1.05 p.m.
Der Flug aus London kommt um zwanzig Uhr dreißig an.
The flight from London arrives at 8.30 p.m.

Wortschatz: Deutsch–Englisch

Strategie! *Using the glossary*

Words are listed in alphabetical order. To find a word, look up its first letter, then find it according to the alphabetical order of its second and third letters:

e.g. **Deutschland** comes before **Dialog** because **de-** comes before **di-**.

The letter(s) in brackets after each noun show you how to form its plural:

e.g.   eine Antwort → zwei Antworten
        ein Apfel → drei Äpfel
        ein Auto → zwei Autos

A

ab *from*
   ab und zu *now and then*
der **Abend (-e)** *m evening*
   gestern Abend *yesterday evening*
das **Abendessen** *n evening meal*
aber *but*
abfahren (*past*: ich bin abgefahren) *to leave*
die **Abfahrt** *f departure*
abwaschen *to wash up (dishes)*
die **Achterbahn** *f rollercoaster*
der **Actionfilm (-e)** *m action film*
ähnlich *similar*
alle *all*
alles *everything*
   alles klar *OK*
alt *old*
an *at*
   an der Bushaltestelle *at the bus stop*
die **Ananas (- or -se)** *f pineapple*
andere/r/s *different, other*
   andere Klamotten *different clothes*
ändern *to change*
anders als *different from*
die **Angst** *f fear*
   ich habe Angst vor … *I'm afraid of …*
ankommen (*past*: ich bin angekommen) *to arrive*
ansehen *to watch*
   DVDs ansehen *to watch DVDs*
die **Antwort (-en)** *f answer*
antworten (*past*: ich habe geantwortet) *to answer, to reply*
anziehen (*past*: ich habe angezogen) *to put on*
   sich anziehen *to get dressed*
   er zieht sich an *he gets dressed*
der **Apfel (Äpfel)** *m apple*
der **Apfelsaft** *m apple juice*
die **Arbeit** *f work*
arbeiten *to work*
der **Arm (Ärme)** *m arm*
arrogant *arrogant*

die **Artischocke (-n)** *f artichoke*
der **Arzt (Ärzte)** *m (male) doctor*
die **Ärztin (-nen)** *f (female) doctor*
auf *in*
   1 auf Deutsch *in German*
   2 auf Wiederhören *goodbye (on the phone)*
aufhören *to stop*
aufräumen *to tidy (up)*
der **Aufschnitt** *m (plate of) cold meats*
aufstehen (*past*: ich bin aufgestanden) *to get up*
aus *out, out of*
   die Schule ist aus *school finishes*
   aus der Schule *out of the school*
ausbleiben (*past*: ich bin ausgeblieben) *to stay out*
der **Ausflug (Ausflüge)** *m trip, outing*
ausfüllen *to fill in*
ausgehen (*past*: ich bin ausgegangen) *to go out*
das **Ausland** *n abroad*
   ins Ausland fahren *to go abroad*
die **Ausrede (-n)** *f excuse*
   Ausreden erfinden/machen *to make excuses*
austragen *to deliver*
   Zeitungen austragen *to deliver newspapers, to do a paper round*
der **Austausch (Austäusche)** *m exchange*
das **Auto (-s)** *n car*

B

das **Babysitting** *n babysitting*
backen *to bake*
die **Bäckerei (-en)** *f baker's (shop)*
die **Badehose (-n)** *f (pair of) swimming trunks*
baden *to have a bath*
das **Badezimmer (-)** *n bathroom*
der **Bahnhof (Bahnhöfe)** *m station*
bald *soon*
   bis bald *see you soon*
die **Banane (-n)** *f banana*
der **Bauernhof (Bauernhöfe)** *m farm*

befragen *to ask*
beginnen (*past*: ich habe begonnen) *to begin*
bei *at, with*
   bei den Nachbarn *at the neighbours' (house)*
beide *both*
das **Bein (-e)** *n leg*
das **Beispiel (-e)** *n example*
   zum Beispiel *for example*
bekommen (*past*: ich habe bekommen) *to get*
Belgien *Belgium*
benutzen *to use*
der **Berg (-e)** *m mountain*
die **Bergbahn (-e)** *f mountain railway, funicular*
der **Bericht (-e)** *m report*
der **Beruf (-e)** *m occupation*
berühmt *famous*
beschäftigt *busy*
beschreiben *to describe*
besichtigen *to visit (a place)*
besser *better*
beste/r/s *best*
   am besten *best*
   mit besten Grüßen *best wishes*
bestellen *to order*
besuchen *to visit*
das **Bett (-en)** *n bed*
   ins Bett gehen *to go to bed*
das **Bier** *n beer*
der **Bierkrug** *m beer mug*
das **Bild (-er)** *n picture*
bis *until*
   bis bald *see you soon*
   bis dann! *until then!*
bisschen: ein bisschen *a bit*
bitte *please*
   bitte schön *here you are; you're welcome*
blau *blue*
bleiben (*past*: ich bin geblieben) *to stay*
der **Blick (-e)** *m view*
blöd *stupid*

Wortschatz: Deutsch–Englisch

die **Bluse** (-n) *f* blouse
die **Bohne** (-n) *f* bean
das **Bonbon** (-s) *n* sweet
braun brown
der **Brief** (-e) *m* letter
der/die **Brieffreund/in** *m/f* penfriend
die **Broschüre** (-n) *f* brochure
das **Brot** *n* bread
das **Brötchen** (-) *n* bread roll
die **Brücke** (-n) *f* bridge
der **Bruder** (Brüder) *m* brother
das **Buch** (Bücher) *n* book
der **Buchstabe** (-n) *m* letter (of the alphabet)
der **Bummel** (-) *m* stroll; (walking) tour
das **Büro** (-s) *n* office
der **Bus** (-se) *m* bus
die **Bushaltestelle** (-n) *f* bus stop
die **Butter** *f* butter

C

campen to camp
die **CD** (-s) *f* CD
die **Champignons** *pl* mushrooms
die **Chips** *pl* crisps
der **Computer** (-s) *m* computer
cool cool
der **Cousin** (-s) *m* (male) cousin
die **Cousine** (-n) *f* (female) cousin

D

die **Dame** (-n) *f* lady
danach then
Dänemark Denmark
danke (**schön**) thank you (very much)
danken to thank
ich danke Ihnen thank you
dann then
darf: ich darf nicht … I'm not allowed to …
der/die **Darsteller/in** *m/f* actor, character
dass that
dauern to last
dein/e 1 your
2 (at end of letter) yours
denken to think
ich denke, dass … I think that …
denn then
deprimiert depressed
Deutsch: auf Deutsch in German
Deutschland Germany
der **Dialog** (-e) *m* conversation
dick fat
dies/e this
dieses Jahr this year
die **Disko** (-s) *f* disco
diskutieren to discuss
doof stupid

die **Dose** (-n) *f* can
das **Doppelzimmer** *n* double room
die **Drogerie** (-n) *f* drugstore
dunkel dark
dunkelblau dark blue
dünn thin
dürfen to be allowed to
ich darf nicht … I'm not allowed to …
duschen to have a shower
die **DVD** (-s) *f* DVD

E

eigen own
ehrlich honest
einkaufen gehen (*past*: ich bin einkaufen gegangen) to go shopping
das **Einkaufszentrum** (Einkaufszentren) *n* shopping centre
einmal once
einmal nach … a single to …
noch einmal one more time
einordnen to (put in) order
das **Einzelzimmer** (-) *n* single room
das **Eis** *n* ice-cream
das **Eishockey** *n* ice hockey
die **Eltern** *pl* parents
die **E-Mail** (-s) *f* email
empfehlen (*past*: ich habe empfohlen) to recommend
die **Erbse** (-n) *f* pea
das **Erlebnis** (-se) *n* experience
ersetzen to replace
erste/r/s first
am ersten Tag on the first day
der/die **Erwachsene** *m/f* adult
erwähnen to guess
essen (*past*: ich habe gegessen) to eat
das **Essen** *n* food; eating
etwas quite, rather
etwas langweilig rather boring

F

die **Familie** (-n) *f* family
fahren (*past*: ich, bin gefahren) to go (by car, bike, etc.); to drive
Rad fahren to go cycling
Rollschuh fahren to go roller skating
die **Fahrkarte** (-n) *f* (travel) ticket
die **Fahrt** (-en) *f* trip, journey
der **Fantasyfilm** (-e) *m* fantasy film
fast almost
faul lazy
Februar February
das **Fenster** (-) *n* window

die **Ferien** *pl* holidays
fernsehen to watch TV
ich sehe fern I watch TV
fertig finished, ready
fett fat
fett gedruckt in bold type
das **Fieber** *n* fever
ich habe Fieber I've got a temperature
der **Film** (-e) *m* film
finden (*past*: ich habe gefunden)
1 to find
2 to think
das finde ich that's what I think
der **Fisch** (-e) *m* fish
die **Flasche** (-n) *f* bottle
fleißig hard-working
fliegen (*past*: ich bin geflogen) to fly
flirten (*past*: ich habe geflirtet) to flirt
das **Flugzeug** (-e) *n* plane
der **Fluch** (Flüche) *m* curse
die **Forelle** (-n) *f* trout
der/die **Forscher/in** *m/f* researcher
der **Fotoapparat** (-e) *m* camera
fotografieren to take photos
die **Frau** (-en) *f* woman
das **Freibad** (Freibäder) *n* outdoor swimming pool
freigiebig generous
Freitag Friday
die **Freizeit** *f* free time, leisure
der **Freizeitpark** (-s) *m* amusement park
der **Freund** (-e) *m* (male) friend, boyfriend
die **Freundin** (-nen) *f* (female) friend, girlfriend
der **Friseur** (-e) *m* (male) hairdresser
die **Friseurin** (-nen) *f* (female) hairdresser
der **Frosch** (Frösche) *m* frog
früh early
für for
furchtbar terrible
der **Fuß** (Füße) *m* foot
zu Fuß on foot
der **Fußball** *m* football

G

ganz whole
die ganze Zeit the whole time
geben (*past*: ich habe gegeben) to give
das **Gedicht** (-e) *n* poem
geduldig patient
gegen 1 against
2 gegen halb drei at about half past two

die **Gegend** (-en) *f* region
gehen (*past:* ich bin gegangen) *to go*
ins Kino gehen *to go to the cinema*
wie geht's? *how are you?*
gelb *yellow*
das **Geld** *n* *money*
der **Geldautomat** (-en) *m* *cash machine*
genug *enough*
geöffnet *open*
gern: ich spiele gern Gitarre *I like playing the guitar*
ich hätte gern ... *I'd like ...*
das **Geschenk** (-e) *n* *present, gift*
die **Geschichte** *f* 1 *history*
2 *story* (*pl* Geschichten)
das **Geschirrspülbecken** *n* *washing-up sink*
die **Geschwister** *pl* *brothers and sisters*
gestern *yesterday*
die **Gesundheit** *f* *health*
gibt: es gibt *there is, there are*
die **Gitarre** (-n) *f* *guitar*
das **Glas** (Gläser) *n* *glass*
das **Gleis** (-e) *n* *platform*
gleich *the same, equal*
wir sind alle gleich *we're all the same*
grau *grey*
groß *big, large*
die **Großeltern** *pl* *grandparents*
größer *bigger, larger*
grün *green*
die **Grundschule** (-n) *f* *primary school*
die **Gruppe** (-n) *f* *group*
Grüßen: mit best Grüßen *best wishes*
gut *good, well*

H

die **Haare** *pl* *hair*
haben *to have*
ich habe einen Unfall gehabt *I had an accident*
ich habe Hunger *I'm hungry*
ich habe Kopfschmerzen *I've got a headache*
ich hätte gern ... *I'd like ...*
das **Hähnchen** (-) *n* *chicken*
der **Hai** (-e) *m* *shark*
halb *half*
halb drei *half past two*
der **Hals** *m* *neck*
Halsschmerzen *pl* *sore throat*
die **Haltestelle** (-n) *f* *(bus) stop*
der **Hamburger** (-) *m* *hamburger*
der **Hamster** (-) *m* *hamster*
die **Hand** (Hände) *f* *hand*

handeln *to be about*
der Film handelt von ... *the film is about ...*
die **Handlung** *f* *action (in a film), plot*
das **Handy** (-s) *n* *mobile (phone)*
das **Hauptgericht** (-e) *n* *main course*
die **Hauptstadt** *f* *capital (city)*
das **Haus** (Häuser) *n* *house*
nach Hause gehen *to go home*
zu Hause *at home*
Hausaufgaben *pl* *homework*
Hausaufgaben machen *to do homework*
heiß *hot*
heißen *to be called*
ich heiße ... *my name is ...*
helfen (*past:* ich habe geholfen) *to help*
das **Hemd** (-en) *n* *shirt*
der **Herr** (-en) *m* *man*
der Herr der Ringe *Lord of the Rings*
das **Herz** (-en) *n* *heart*
heute *today*
heute Morgen *this morning*
hier *here*
hilfsbereit *helpful*
die **Himbeere** (-n) *f* *raspberry*
hin: hin und zurück *return (ticket)*
hinter *behind*
historisch *historic*
das **Hobby** (-s) *n* *hobby*
hoffentlich *hopefully*
holen *to get, to collect*
hören (*past:* ich habe gehört) *to hear, to listen to*
der **Horrorfilm** (-e) *m* *horror film*
hör zu *listen*
die **Hose** (-n) *f* *(pair of) trousers*
das **Hotel** (-s) *n* *hotel*
der **Hund** (-e) *m* *dog*
Hunger: ich habe Hunger *I'm hungry*
der **Hut** (Hüte) *m* *hat*

I

ideal *ideal*
ihr/e *her*
ihre Schwester *her sister*
immer *always*
in 1 *in*
in dem/im Supermarkt *in the supermarket*
in Ordnung *OK*
2 *into*
in den Supermarkt *into the supermarket*

das **Insekt** (-en) *n* *insect*
interessant *interesting*
interessieren: ich interessiere mich für ... *I'm interested in ...*
italienisch *Italian*

J

die **Jacke** (-n) *f* *jacket*
das **Jahr** (-e) *n* *year*
letztes Jahr *last year*
die **Jeans** *pl* *(pair of) jeans*
jede/r/s *each, every*
jeden Tag *every day*
jedes Wochenende *every weekend*
jeweils *each time*
joggen *to jog*
das **Judo** *n* *judo*
die **Jugendgruppe** (-n) *f* *youth group*
der **Jugendklub** *m* *youth club*
der **Jugendliche** (-n) *m* *young person, teenager*
der **Junge** (-n) *m* *boy*
Juni *June*

K

der **Kaffee** (-s) *m* *coffee*
kalt *cold*
das **Kaninchen** (-) *n* *rabbit*
kann: ich kann nicht ... *I can't ...*
die **Kapelle** (-n) *f* *chapel*
kaputt *broken*
mein Rad ist kaputt *my bike is broken*
die **Kartoffel** (-n) *f* *potato*
das **Kästchen** (-) *n* *(small) box*
katastrophal: das war katastrophal *it was a catastrophe*
die **Katze** (-n) *f* *cat*
kaufen (*past:* ich habe gekauft) *to buy*
die **Kegelbahn** *f* *bowling alley*
kein/e *no, not any, none*
die **Kette** (-n) *f* *chain*
das **Kind** (-er) *n* *child*
das **Kino** (-s) *n* *cinema*
der **Kiosk** (-e) *m* *kiosk*
die **Kirche** (-n) *f* *church*
die **Klasse** (-n) *f* *class*
das **Klassenzimmer** (-) *n* *classroom*
das **Klavier** (-e) *n* *piano*
das **Kleid** (-er) *n* *dress*
die **Kleider** *pl* *clothes*
die **Kleidung** *f* *clothes, clothing*
klein *small*
kleiner *smaller*
das **Klo** (-s) *n* *toilet*
der **Knoblauch** *m* *garlic*
der **Koffer** (-) *m* *suitcase*

Wortschatz: Deutsch–Englisch

kommen (*past: ich bin gekommen*) *to come*
die **Komödie** (-n) *f comedy*
die **Konditorei** (-en) *f cake shop*
können *can, to be able to*
  ich kann nicht … *I can't …*
  wir könnten … *we could …*
der **Kopf** (Köpfe) *m head*
Kopfschmerzen *pl headache*
  ich habe Kopfschmerzen *I've got a headache*
kosten (*past: es hat gekostet*) *to cost*
  was kostet das, bitte? *how much is it?*
köstlich *delicious*
krank *ill*
der **Krankenpfleger** (-) *m (male) nurse*
die **Krankenschwester** (-n) *f (female) nurse*
die **Krankheit** (-en) *f illness*
das **Kraut** (Kräuter) *n herb*
die **Kräuterbutter** *f herb butter*
die **Krawatte** (-n) *f tie*
der **Krimi** (-s) *m crime movie*
die **Krokette** (-n) *f croquette*

L

das **Land** (Länder) *n country*
langweilig *boring*
laufen *to run*
  was läuft? *what's on? (at cinema, etc.)*
launisch *moody*
laut *loud*
lecker *delicious*
die **Lebensmittel** *pl groceries*
der **Lehrer** (-) *m (male) teacher*
die **Lehrerin** (-nen) *f (female) teacher*
Leid: es tut mir Leid *I'm sorry*
lesen (*past: ich habe gelesen*) *to read*
der **Leser** (-) *m (male) reader*
letzte/r/s *last*
  letztes Wochenende *last weekend*
Leute *pl people*
Liebe …/Lieber … *Dear … (at beginning of letter)*
Lieblings… *favourite …*
  meine Lieblingsfarbe *my favourite colour*
liebsten: am liebsten *best of all*
  ich lese am liebsten *I like reading best of all*
die **Limo(nade)** *f lemonade*
links *(on the) left*
der **Lohn** (Löhne) *m pay, wages*
die **Lücke** (-n) *f gap*
der **Lungenkrebs** *m lung cancer*
Luzern *Lucerne*

M

machen (*past: ich habe gemacht*) *to do, to make*
  einen Ausflug machen *to go on a trip*
  ich mache Judo *I do judo*
das **Mädchen** (-) *n girl*
mag: ich mag *I like*
  ich mag nicht … *I don't like …*
der **Magen** *m stomach*
Magenschmerzen *pl stomach-ache*
  ich habe Magenschmerzen *I've got a sore stomach*
das **Mal** (-e) *n time*
  das letzte Mal *last time*
manchmal *sometimes*
der **Mann** (Männer) *m man*
der **Martial-Arts-Film** (-e) *m martial arts movie*
die **Maschine** (-n) *f machine*
der/die **Mechaniker/in** *m/f mechanic*
mein/e *my*
  mein Freund *my friend*
  meine Schwester *my sister*
meistens *mostly*
melden: meld dich mal *stay in touch*
der **Mensch** (-en) *m person, human being*
die **Metzgerei** (-en) *f butcher's (shop)*
mit *with*
  mit dem Auto *by car*
das **Mitglied** (-er) *n member*
mitkommen *to come (along)*
  kommst du mit? *are you coming?*
der **Mittag** *m midday*
das **Mittagessen** *n lunch, midday meal*
die **Mitte** (-n) *f middle*
möchte: ich möchte … *I'd like …*
die **Möglichkeiten** *pl possibilities, opportunities*
die **Möhre** (-n) *f carrot*
der **Morgen** *m morning*
  jeden Morgen *every morning*
  guten Morgen *hello, good morning*
müde *tired*
der **Müll** *m rubbish*
der **Müllcontainer** (-s) *m rubbish bin*
die **Musik** *f music*
müssen *to have to, must*
  ich muss meinen Eltern helfen *I have to help my parents*
die **Mutter** (Mütter) *f mother*
die **Mütze** (-n) *f cap*

N

nach 1 *after*
  2 *past*
  Viertel nach (drei) *quarter past (three)*
  3 *to*
  nach Berlin *to Berlin*
  nach Hause *home*
der **Nachmittag** (-e) *m afternoon*
  am Nachmittag *in the afternoon*
die **Nacht** (Nächte) *f night*
der **Nachtisch** *m dessert*
der **Name** (-n) *m name*
neben *next to, near*
der **Nebenjob** (-s) *m part-time job*
neblig *foggy*
nehmen (*past: ich habe genommen*) *to take*
  was nehmen Sie? *what are you having?*
nervig *irritating*
neu *new*
nicht *not*
  nicht cool *not cool*
nichts *nothing*
nie *never*
noch *more*
  noch einmal *one more time, once again*
der **Norden** *m north*
Nordostdeutschland *northeast Germany*
normalerweise *normally, usually*
die **Note** (-n) *f (school) mark*
Notizen: mach Notizen *make notes*
  Notizen schreiben *to write notes*
die **Nummer** (-n) *f number*
nur *only*

O

das **Obst** *n fruit*
oder *or*
oft *often*
das **Öl** *n oil*
das **Olivenöl** *n olive oil*
die **Oma** (-s) *f grandma*
der **Onkel** (-) *m uncle*
der **Opa** (-s) *m grandpa*
Ordnung: in Ordnung *OK*
der **Osten** *m east*
der **Ort** (-e) *m place*
Österreich *Austria*

P

paar: ein paar *a few*
das **Paket (-e)** *n* package
der **Panoramablick** *m* panoramic view
der **Park (-s)** *m* park
der **Parkplatz (Parkplätze)** *m* car park
die **Party (-s)** *f* party
passen zu to match
die **Pflanze (-n)** *f* plant
die **Pizza (-s)** *f* pizza
der **Platz (Plätze)** *m* site
Platz haben *to have room*
das **Plüschtier (-e)** *n* soft toy
das **Polohemd (-e)** *n* polo shirt
die **Pommes frites** *pl* chips
das **Portmonee (-s)** *n* wallet
die **Preiselbeere (-n)** *f* cranberry
pro per
pro Woche *per week*
das **Problem (-e)** *n* problem
kein Problem *no problem*
die **Prüfung (-en)** *f* exam
der **Pulli (-s)** *m* jumper
pünktlich punctual(ly)

R

das **Rad (Räder)** *n* bicycle
Rad fahren *to go cycling*
rauchen to smoke
das **Rauchen** *n* smoking
recyceln to recycle
reden (*past*: ich habe geredet)
to speak
die **Regel (-n)** *f* rule
regnen (*past*: es hat geregnet)
to rain
es regnet *it's raining, it rains*
reichen (*past*: ich habe gereicht)
to pass
reich mir ... (bitte) *pass me ...*
(please)
die **Reihenfolge (-n)** *f* order
der **Reis** *m* rice
reisen (*past*: ich bin gereist)
to travel
reiten (*past*: ich bin geritten)
to ride
reservieren (*past*: ich habe
reserviert) *to book*
die **Reservierung (-en)** *f* reservation
die **Rezeption** *f* reception
richtig right, correct
der **Rock (Röcke)** *m* skirt
Rollschuh fahren to go roller skating
rot red
der **Rücken** *m* back
die **Rückenschmerzen** *pl* backache
ich habe Rückenschmerzen *I've*
got backache
ruhig quiet(ly)

S

die **Sache (-n)** *f* thing
der **Saft (Säfte)** *m* fruit juice
die **Sahne** *f* cream
der **Salat** *m* salad, lettuce
der/die **Sänger/in** *m/f* singer
das **Sanitärgebäude** *n* sanitary block
der **Satz (Sätze)** *m* sentence
sauer sour
saure Sahne *sour cream*
schade! what a pity!; that's a
nuisance!
scharf sharp, spicy
eine scharfe Soße *a spicy sauce*
der **Schauspieler** *m* actor
die **Schauspielerin** *f* actor, actress
die **Scheibe (-n)** *f* slice
scheinen to shine
die Sonne scheint *it's sunny*
schief: schief gehen to go wrong
das **Schiff (-e)** *n* ship
schließen (*past*: ich habe
geschlossen) to close
der **Schlüssel (-)** *m* key
schmecken to taste
Schmerzen *pl* pain
schmutzig dirty
die **Schokolade** *f* chocolate
schön beautiful, nice, lovely
schreiben (*past*: ich habe
geschrieben) to write
der **Schreibwarenladen** *m* stationer's
(shop)
schüchtern shy
der **Schuh (-e)** *m* shoe
die **Schule (-n)** *f* school
die **Schuluniform (-en)** *f* school uniform
schützen to protect
schwarz black
das **Schweinekotelett (-s)** *n* pork chop
die **Schweiz** *f* Switzerland
die **Schwester (-n)** *f* sister
das **Schwimmbad** *n* swimming pool
schwimmen to swim
schwimmen gehen *to go swimming*
der **See (-n)** *m* lake
die **See (-n)** *f* sea
segeln (*past*: ich bin gesegelt)
to go sailing
sehen (*past*: ich habe gesehen)
to see
sehr very
der/die **Sekretär/in** *m/f* secretary
selbstbewusst self-confident
selten seldom
die **Shorts** *pl* shorts
Ski fahren to go skiing
so so
die **Socke (-n)** *f* sock
sogar even

der **Sommer** *m* summer
im Sommer *in summer*
die **Sommerferien** *pl* summer holidays
die **Sonne (-n)** *f* sun
die **Soße (-n)** *f* sauce
Spanien Spain
spannend exciting
sparen to save (money)
der **Spaß** *m* fun
(keinen) Spaß machen *to be (no)*
fun
spät late
der **Spaziergang** *m* walk
einen Spaziergang machen *to go*
for a walk
die **Speisekarte (-n)** *f* menu
das **Spiel (-e)** *n* game
spielen (*past*: ich habe gespielt)
to play
ich spiele gern ... *I like playing ...*
der **Spielplatz (Spielplätze)** *m*
playground
das **Sportgeschäft (-e)** *n* sports shop
die **Sportschuhe** *pl* trainers
das **Sportzentrum (Sportzentren)** *n*
sports centre
sprechen (*past*: ich habe
gesprochen) to speak
sprich nach repeat
die **Stadt (Städte)** *f* town, city
in die Stadt *into town*
in der Stadt *in town*
der **Stadtbummel (-)** *m* walking tour,
walk around town
der **Staub** *m* dust
Staub saugen *to do the vacuum*
cleaning
die **Stelle (-n)** *f* job, position
stellen (*past*: ich habe gestellt) to
put
eine Frage stellen *to ask a question*
der **Stellplatz (Stellplätze)** *m* site
sterben (*past*: ist gestorben) to die
die **Stiefmutter** *f* stepmother
der **Stiefvater** *m* stepfather
der **Strand (Strände)** *m* beach
zum Strand gehen *to go to the*
beach
die **Straße (-n)** *f* street
die **Straßenbahn (-en)** *f* tram
mit der Straßenbahn *by tram*
streng strict
der **Strom** *m* electricity

Wortschatz: Deutsch–Englisch

der **Stummfilm (-e)** *m* silent movie
die **Stunde (-n)** *f* 1 lesson
    2 hour
der **Stundenplan** *m* timetable
der **Süden** *m* south
der **Südwesten** *m* southwest
    im Südwesten in the southwest
die **Suppe** *f* soup
der **Supermarkt (Supermärkte)** *m* supermarket
das **Sweatshirt (-s)** *n* sweatshirt

T

die **Tafel (-n)** *f* bar
    eine Tafel Schokolade a bar of chocolate
der **Tag (-e)** *m* day
    Guten Tag! hello
    jeden Tag every day
die **Tagesroutine** *f* daily routine
die **Tankstelle (-n)** *f* petrol station
die **Tante (-n)** *f* aunt
tanzen to dance
der/die **Tänzer/in** *m/f* dancer
die **Tasche (-n)** *f* bag
das **Taschengeld** *n* pocket money
die **Tasse (-n)** *f* cup
    eine Tasse Tee a cup of tea
der/die **Techniker/in** *m/f* technician
der **Tee** *m* tea
der **Teich (-e)** *m* pond
die **Telefonzelle (-n)** *f* telephone kiosk
der **Teller (-)** *m* plate
das **Tennis** *n* tennis
    Tennis spielen to play tennis
das **Theater (-)** *n* theatre
tief deep
das **Tier (-e)** *n* animal
der **Tierarzt** *m* (male) vet
die **Tierärztin** *f* (female) vet
der **Tisch (-e)** *m* table
das **Tischtennis** *n* table tennis
toll great, wonderful
die **Tomate (-n)** *f* tomato
die **Tomatensuppe** *f* tomato soup
total absolutely
tragen (past: ich habe getragen) to wear
    ich trage gern ... I like wearing ...
der **Trainingsanzug** *m* tracksuit
der **Traum (Träume)** *m* dream
traurig sad
treffen (past: ich habe getroffen) to meet
    wo treffen wir uns? where shall we meet?
der **Treffpunkt** *m* meeting point
trennen (past: ich habe getrennt) to separate

treiben: Sport treiben (past: ich habe getrieben) to do sports
die **Treppe (-n)** *f* staircase, stairs
die **Trompete (-n)** *f* trumpet
tropfen (past: es hat getropft) to drip
trinken (past: ich habe getrunken) to drink
tschüs bye
das **T-Shirt (-s)** *n* T-shirt
die **Tür (-en)** *f* door
die **Türkei** *f* Turkey
die **Tüte (-n)** *f* bag

U

die **U-Bahn** *f* underground
überall everywhere
überlegen: sich überlegen to think about
    ich muss mir überlegen I have to think about it
übernachten to stay, to spend the night
überprüfen to check
übersetzen to translate
die **Uhr (-en)** *f* hour
    um wie viel Uhr? at what time?
    um zwei Uhr at two o'clock
um at
    1 um zwei Uhr at two o'clock
    2 um ... zu sein (in order) to be ...
die **Umfrage (-n)** *f* survey
die **Umgangssprache** *f* slang
umsteigen (past: ich bin umgestiegen) to change (train, etc.)
die **Umwelt** *f* environment
umweltfeindlich not environmentally friendly
umweltfreundlich environmentally friendly
der **Umweltschutz** *m* conservation
der **Umweltschmutz** *m* pollution
und and
der **Unfall (Unfälle)** *m* accident
ungesund unhealthy
unheimlich incredible, incredibly
    ich mag unheimlich gern ... I really like ...
die **Uniform (-en)** *f* uniform
unter below
unterwegs on the way
der **Urlaub** *m* holiday
    Urlaub machen to go on holiday
usw. (und so weiter) etc.

V

der **Vater (Väter)** *m* father
vegetarisch vegetarian
verbringen (past: ich habe verbracht) to spend (time)

verdienen to earn
vergessen (past: ich habe vergessen) to forget
der/die **Verkäufer/in** *m/f* sales person
verlassen (past: ich habe verlassen) to leave
verliebt in love
    wir sind verliebt we're in love
verlieren (past: ich habe verloren) to lose
verschieden various
versuchen (past: ich habe versucht) to try
vervollständigen (past: ich habe vervollständigt) to complete
das **Viertel (-)** *n* quarter
    um Viertel nach zwei at a quarter past two
der **Volleyball** *m* volleyball
von 1 from, of
    2 von mir aus it's all the same to me
vor 1 in front of
    2 to
    Viertel vor drei quarter to three
    3 was hast du vor? have you got any plans?
Voraus: im Voraus in advance
der **Vorort (-e)** *m* suburb
die **Vorsicht** *f* caution
    Vorsicht bei der Abfaht caution, the train is leaving
die **Vorspeise(-n)** *f* starter

W

wählen (past: ich habe gewählt) to choose
während during
das **Wahrzeichen (-)** *n* emblem (of town)
wandern (past: ich habe gewandert) to go hiking
wann when
warm warm
warum why
was what
    was ist los? what's wrong (with you)?
das **Waschbecken** *n* wash basin
waschen (past: ich habe gewaschen) to wash
    ich wasche mich I wash myself
    ich muss mir die Haare waschen I have to wash my hair
das **Waschhaus** *n* laundry
das **Wasser** *n* water
wegfahren (past: ich bin weggefahren) to go away
weh tun to hurt
    das Bein tut mir weh my leg hurts
weil because
weiß white
weit far

welche/r/s *which*

die **Welt** *f* *world*

wenn *when, if*

wer *who*

werden 1 *to become*

    krank werden *to become sick*

    2 *future tense* ich werde ... *I will ...*

    sie wird ... *she will ...*

der **Westen** *m* *west*

das **Wetter** *n* *weather*

wichtig *important*

wie 1 *how*

    wie geht's? *how are you?*

    wie oft *how often*

    wie viel *how much*

    wie viele *how many*

    wie lange *how long*

    2 *what*

    wie heißt du? *what's your name?*

wiederholen (*past*: **ich habe wiederholt**) *to repeat*

Wien *Vienna*

windig *windy*

wissen *to know*

    weißt du? *do you know?*

witzig *fun, jolly*

wo *where*

die **Woche** (-n) *f* *week*

    pro Woche *per week*

das **Wochenende** (-n) *n* *weekend*

woher *where from*

wohin *where (to)*

wohnen *to live*

das **Wohnmobil** (-e) *n* *camper van*

der **Wohnwagen** (-) *m* *caravan*

das **Wohnzimmer** (-) *n* *living room*

wolkig *cloudy*

wollen *to want*

    ich will ... *I want to ...*

die **Wurst** (Würste) *f* *sausage*

das **Würstchen** (-) *n* *sausage*

Z

der **Zahn** (Zähne) *m* *tooth*

der **Zahnarzt** *m* *(male) dentist*

die **Zahnärztin** *f* *(female) dentist*

der **Zeichentrickfilm** (-e) *m* *cartoon film*

die **Zeit** *f* *time*

    die ganze Zeit *the whole time*

die **Zeitschrift** (-en) *f* *magazine*

die **Zeitung** (-en) *f* *newspaper*

    Zeitungen austragen *to deliver newspapers, to do a paper round*

das **Zelt** (-e) *n* *tent*

zerstören (*past*: **ich habe zerstört**) *to disturb, destroy*

ziemlich *rather, quite*

das **Zimmer** (-) *n* *room*

zu 1 *too*

    zu spät *too late*

    zu viel *too much*

    zu viele *too many*

    2 zu Fuß *on foot*

    3 zu Hause *at home*

die **Zukunft** *f* *future*

der **Zug** (Züge) *m* *train*

die **Zugfahrkarte** (-n) *f* *railway ticket*

zurück *back*

    hin und zurück *return ticket*

zusammen *together*

die **Zusammenfassung** (-en) *f* *summary*

zusammenpassen *to go together, to match*

zweimal *twice*

zweite/r/s *second*

die **Zweibel** (-n) *f* *onion*

zwischen *between*

Wortschatz: Englisch–Deutsch

Strategie! *Using the glossary*

Some words will need to be changed when you use them in a sentence, e.g.

- nouns: – are they singular or plural?
  – do you need the word for 'a' (*ein* m, *eine* f, **ein** n) instead of 'the' (*der* m, *die* f, **das** n)?
  – do the words for 'a' and 'the' need to change (*ein* m → *einen*, *der* m → *den*, *der* m/*das* n → *dem*)?
  (And remember that *kein/mein*, etc. take the same endings as *ein*.)
- adjectives: do they need an ending?
- verbs: check the grammar section for the endings you need.

A

a, an *ein* m, *eine* f, *ein* n
able: to be able to **können**
adults *Erwachsene* **pl**
afternoon *der Nachmittag* m
  in the afternoon **am Nachmittag**
allowed: I'm not allowed to … **ich darf nicht …**
and **und**
arm *der Arm (Ärme)* m
armchair *der Sessel (-)* m
arrive **ankommen**
art *die Kunst* f
ask **fragen**
at: 1 at the window **am Fenster**
  2 at 6 o'clock **um 6 Uhr**
  3 at Christmas **zu Weihnachten**
Austria **Österreich**
average-sized **mittelgroß**
awful **furchtbar**

B

back *der Rücken (-)* m
bad **schlecht, schlimm**
baker's *die Bäckerei (-en)* f
bath: to have a bath **baden**
bath(tub) *die Badewanne (-n)* f
ballpoint (pen) *der Kuli (-s)* m
beautiful **schön**
below **unter**
between **zwischen**
big **groß**
bike *das Rad (Räder)* n
biology *die Biologie* f
black **schwarz**
blond **blond**
blue **blau**
book *das Buch (Bücher)* n
boring **langweilig**
bread *das Brot* n
bread roll *das Brötchen (-)* n
breakfast *das Frühstück (-e)* n
bright(ly coloured) **bunt**
brother *der Bruder (Brüder)* m
brown **braun**
budgie *der Wellensittich (-e)* m
bus *der Bus (-se)* m
but **aber**
butcher's *die Metzgerei (-en)* f

C

cake shop *die Konditorei (-en)* f
campsite *der Campingplatz* m
can: I can **ich kann**
car *das Auto (-s)* n
caravan *der Wohnwagen (-)* m
cat *die Katze (-n)* f

CD *die CD (-s)* f
CD-player *der CD-Spieler (-)* m
ceiling *die Decke (-n)* f
club *der Verein (-e)* m
chair *der Stuhl (Stühle)* m
cheese *der Käse* m
chemist's *die Apotheke (-n)* f
child *das Kind (-er)* n
chocolate *die Schokolade* f
Christmas **Weihnachten pl**
Christmas holidays **Weihnachtsferien pl**
cinema *das Kino (-s)* n
citizens *die Bürger* pl
clothes **Klamotten pl**
coat *der Mantel (Mäntel)* m
cold **kalt**
come **kommen (ich bin gekommen)**
computer *der Computer (-)* m
computer game *das Computerspiel (-e)* n
cream *die Sahne* f
crisps *die Chips* pl
curly **lockig**
curly hair **lockige Haare**
cycling: to go cycling **Rad fahren**

D

dance **tanzen**
dancing *das Tanzen* n
dangerous **gefährlich**
dead **tot**
Denmark **Dänemark**
department store *das Kaufhaus* n
difficult **schwer**
dinner: to have dinner **zu Abend essen**
disappear **verschwinden**
dog *der Hund (-e)* m
download **herunterladen**
dress *das Kleid (-er)* n
drink **trinken (ich habe getrunken)**
drown **ertrinken**

E

ear *das Ohr (-en)* n
earache: I have earache **ich habe Ohrenschmerzen**
Easter *Ostern* n
easy **einfach**
eat **essen (ich habe gegessen)**
enormous **riesig**
evening *der Abend (-e)* m
  in the evening **am Abend**
every *jede/r/s*
everything **alles**
exercise book *das Heft (-e)* n
expensive **teuer**
eye *das Auge (-n)* n

F

factory *die Fabrik (-en)* f
fair (of weather) **heiter**
farm *der Bauernhof (Bauernhöfe)* m
fast **schnell**
favourite **Lieblings-**
  my favourite subject **mein Lieblingsfach**
felt-tip (pen) *der Filzstift (-e)* m
ferry *die Fähre (-n)* f
finger *der Finger (-)* m
floor *der Boden* m
fly **fliegen (ich bin geflogen)**
foggy **neblig**
follow **folgen**
food *das Essen* n
foot *der Fuß (Füße)* m
  on foot **zu Fuß**
football *der Fußball* m
forget **vergessen**
Friday **Freitag**
France **Frankreich**
freezing: it's freezing **es friert**
friend *der Freund (-e)* m, *die Freundin (-nen)* f
fruit *das Obst* n
fruit juice *der Saft (Säfte)* m
fun *der Spaß*
  it would be fun **das würde Spaß machen**

G

gardening *die Gartenarbeit* f
generous **freigiebig**
geography *die Erdkunde* f
Germany **Deutschland**
get up **aufstehen (ich bin aufgestanden)**
girl *das Mädchen (-)* n
go 1 (on foot) **gehen (ich bin gegangen)**
  I go to bed **ich gehe ins Bett**
  2 (by car, bike, etc.) **fahren (ich bin gefahren)**
goldfish *der Goldfisch (-e)* m
good **gut**
  good morning! **guten Morgen!**
grey **grau**
guitar *die Gitarre (-n)* f

H

hair **Haare pl**
curly hair **lockige Haare**
straight hair **glatte Haare**
half: half past six **halb sieben**
hamster *der Hamster (-)* m
hand *die Hand (Hände)* f
hard-working **fleißig**
hat *der Hut (Hüte)* m
have **haben (ich habe gehabt)**
head *der Kopf (Köpfe)* m
healthy **gesund**
helpful **hilfsbereit**

history *die Geschichte* f
holiday *der Feiertag (-e)* m
 on holiday *auf Urlaub*
holidays *Ferien* pl
home: at home *zu Hause*
homework *die Hausaufgaben* pl
honest *ehrlich*
horse *das Pferd (-e)* n
hot *heiß*
hotel *das Hotel (-s)* n
house *das Haus (Häuser)* n
hungry: I'm hungry *ich habe Hunger*

I

ice-cream *das Eis* n
ICT *die Informatik* f
irritating *nervig*
Italy *Italien*

J

jacket *die Jacke (-n)* f
jumper *der Pulli (-s)* m

K

kill *töten*
kiss *küssen (ich habe geküsst)*

L

last *letzte/r/s*
lazy *faul*
leave 1 (a place) *verlassen*
 2 (depart) *abfahren*
left *links*
leg *das Bein (-e)* n
like: I like … *ich mag …*
listen to *hören*
litter tray *das Katzenklo* n
live *wohnen*
long *lang*
lose *verlieren (ich habe verloren)*
loud *laut*
lunch *das Mittagessen* n
 to have lunch *zu Mittag essen*

M

magazine *der Zeitschrift (-en)* f
mail *die Post* f
mask *die Maske (-n)* f
maths *die Mathe* f
mayor *der Bürgermeister (-)* m
mean *geizig*
milk *die Milch* f
mobile (phone) *das Handy (-s)* n
Monday *Montag*
money *das Geld* n
moody *launisch*
morning *der Morgen* m
mouse *die Maus (Mäuse)* f
mouth *der Mund (Münder)* m
music *die Musik* f
must: I must *ich muss*

N

name *der Name (-n)* m
nerve: it gets on my nerves *es geht mir auf
 die Nerven*
never *nie*
new *neu*
next *nächste/r/s*
 next time *das nächste Mal*
next to *neben*
nice *sympathisch*
no *nein*
nobody *niemand*
noise *der Lärm* m
normally *normalerweise*
nose *die Nase (-n)* f
nothing *nichts*

O

often *oft*
old *alt*
on *auf*
opposite *gegenüber*
over *über*

P

paper *das Papier* n
party *die Party (-s)* f
patient *geduldig*
peas *Erbsen* pl
pencil *der Bleistift (-e)* m
pet *das Haustier (-e)* n
petrol station *die Tankstelle (-n)* f
piece *das Stück (-e)* n
plane *das Flugzeug (-e)* n
play *spielen*
Portugal *Portugal*
post *die Post* f
potatoes *Kartoffeln* pl
promise *versprechen*

Q

quiet *ruhig*

R

rail: by rail *mit der Bahn*
rain: it's raining *es regnet*
read *lesen*
red *rot*
ride: to ride a bike *Rad fahren*
right *rechts*
room *das Zimmer (-)* n
rubbish *der Müll* m

S

sad *traurig*
sadness *die Traurigkeit* f
sandwich *das Butterbrot (-e)* n
Saturday *Samstag*
sausage *die Wurst (Würste)* f
school *die Schule (-n)* f
schoolbag *die Schultasche (-n)* f
science *Naturwissenschaften* pl
Scotland *Schottland*
seldom *selten*
self-confident *selbstbewusst*
selfish *selbstsüchtig*
shirt *das Hemd (-en)* n
shoe *der Schuh (-e)* m
shopping: to go shopping *einkaufen gehen*
short *kurz*
shorts *die Shorts* pl
shoulder *die Schulter (-n)* f
shower: to have a shower *duschen*
shy *schüchtern*
sick: I was sick *ich habe gekotzt*
singing *das Singen* n
sister *die Schwester (-n)* f
slim *schlank*
small *klein*
snake *die Schlange (-n)* f
snow: it's snowing *es schneit*
socks *Socken* pl
sofa *das Sofa (-s)* n
somebody *jemand*
sometimes *manchmal*
spend (time) *verbringen (ich habe
 verbracht)*
sport *der Sport* m
start *anfangen*
stay *bleiben (ich bin geblieben)*
stomach *der Magen* m
straight: straight hair *glatte Haare*
straight on *geradeaus*
strict *streng*
striped *gestreift*

T

table tennis *das Tischtennis* n
tall *groß*
teacher (male) *der Lehrer (-)*
 (female) *die Lehrerin (-nen)*
technology *die Technologie* f
textbook *das Schulbuch* n
tennis *das Tennis* n
then *dann*
there is/there are *es gibt*
Thursday *Donnerstag*
tights *die Strumpfhose (-n)* f
to: to Paris *nach Paris*
too *zu*
 too much *zu viel*
tooth *die Zahn (Zähne)* f
toothache: I have toothache *ich habe
 Zahnschmerzen*
tracksuit *der Trainingsanzug* m
traffic *der Verkehr* m
trainers *Sportschuhe* pl
trip *der Ausflug (Ausflüge)* m
Tuesday *Dienstag*
TV *das Fernsehen* n
TV (set) *der Fernseher (-)* m

U

ugly *hässlich*
under *unter*
underground *die U-Bahn* f
up-to-date *aktuell*
usually *normalerweise*

V

vegetable *das Gemüse (-)* n

W

Wales *Wales*
wall *die Wand (Wände)* f
want to *wollen*
wash (oneself) *(sich) waschen*
watch television *fernsehen*
weather *das Wetter* n
Wednesday *Mittwoch*
week *die Woche (-n)* f
weekend *das Wochenende* n
 at the weekend *am Wochenende*
well *gut*
what *was*
where *wo*
 where from? *woher?*
 where to? *wohin?*
white *weiß*
window *das Fenster (-)* n
windy *windig*
work *arbeiten*
world *die Welt* f

Y

year *das Jahr (-e)* n
yellow *gelb*
yes 1 *ja*
 2 (in answer to negative question) *doch*
yesterday *gestern*

stupid, silly *doof*

stupid, silly *doof*
subject *das Fach (Fächer)* n
summer *der Sommer* m
summer holidays *Sommerferien* pl
supermarket *der Supermarkt* m
Sunday *Sonntag*
sunny *sonnig*
sweets *Bonbons* pl
swim *schwimmen (ich bin
 geschwommen)*
Switzerland *die Schweiz* f

Common instructions in *Na klar!*

Im Schulbuch

Ändere die fett gedruckten Wörter!	*Change the words in bold.*
auf Deutsch/Englisch	*in German/English*
Beantworte die Fragen!	*Answer the questions.*
Benutze die Bilder unten!	*Use the pictures below.*
Bring die Sätze in die richtige Reihenfolge!	*Put the sentences in the right order.*
Erfindet Dialoge!	*Make up dialogues.*
Ergänze/Vervollständige die Sätze!	*Complete the sentences.*
Füll die Lücken aus!	*Fill in the gaps.*
Gruppenarbeit.	*Group work.*
Hast du Recht?	*Are you right?*
Hör (noch einmal) zu!	*Listen (again).*
Hör zu und sprich nach!	*Listen and repeat.*
Kopiere die Tabelle und füll sie aus!	*Copy the table and fill it in.*
Lies den Text!	*Read the text.*
Lies mit!	*Read along.*
Mach eine Liste!	*Make a list.*
Mach Notizen!	*Make notes.*
Macht Dialoge!	*Make up conversations.*
Nehmt die Dialoge auf Kassette auf!	*Record the dialogues.*
Ordne den Dialog richtig ein!	*Put the dialogue in the right order.*
Richtig oder falsch?	*True or false?*
Richtig, falsch oder nicht im Text?	*True, false or not in the text?*
Schlag/Such im Wörterbuch nach!	*Look in a dictionary.*
Schreib die Resultate auf!	*Write up the results.*
Schreib einen kurzen Bericht!	*Write a short description.*
Schreib etwa 60 Wörter!	*Write around 60 words.*
Schreib Sätze!	*Write sentences.*
Sieh dir die Bilder an!	*Look at the pictures.*
Stellt Fragen!	*Ask questions.*
Tauscht Rollen!	*Swap roles.*
Übt die Dialoge zusammen!	*Practise the dialogues together.*
Überprüfe!	*Check.*
Wähl die richtige Antwort!	*Choose the correct answer.*
Was ist das?	*What's that?*
Was heißt das auf Deutsch?	*What's that in German?*
Was passt zusammen?	*What matches up?*
Welche Antwort passt?	*Which answer matches up?*
Welche Farbe?	*What colour?*
Welches Bild ist das?	*Which picture is it?*
Wer ist das?	*Who is it?*
Wer spricht?	*Who is speaking?*
Wie heißen sie?	*What are they called?*
Wie ist die richtige Reihenfolge?	*What's the correct order?*
Wie viel(e)?	*How much/many?*

Im Klassenzimmer

Wie bitte?	*Pardon?*
Das verstehe ich nicht.	*I don't understand.*
Langsamer, bitte.	*Slower, please.*
Was heißt „Kuli" auf Englisch?	*What is 'Kuli' in English?*
Wie sagt man „*book*" auf Deutsch?	*How do you say 'book' in German?*
Wie schreibt man das?	*How do you spell that?*

die Aktivität	*activity*
die Tabelle	*the table*
alles	*everything*
die Antwort	*answer*
das Beispiel	*example*
die Beschreibung	*description*
das Bild	*picture*
dann	*then*
der Dialog	*conversation*
falsch	*false*
für	*for*
die Klassenarbeit	*test*
die Klassenumfrage	*class survey*
langsam	*slow, slowly*
mit	*with*
nicht	*not*
noch einmal	*once again*
oder	*or*
oft	*often*
Partnerarbeit.	*Pairwork.*
richtig	*right, correct*
der Satz	*sentence*
sehr	*very*
die Vokabeln	*vocabulary*
welche	*which*
wie	*how*
wiederholen	*to repeat*
wo	*where*
die Zusammenfassung	*summary*

Acknowledgements

The authors and publisher would like to thank the following people, without whose support they could not have created *Na klar! 2*:

Elaine Armstrong and Steve King for detailed advice throughout the writing;
Frances Reynolds for editing the materials;
Raumfahrtlexicon des Chemnitzer Schulmodells,
www.schulmodell.de/astronomie/raumfahrt/tourismus (text, p 113);
www.juma.de

Front cover photograph: Michael Schumacher, U.S. Grand Prix 2004, by Michael Kim/Corbis.

David SimsonB-6940Septon(DASPHOTOGB@aol.com) pp 7, 8, 9, 10, 14, 16, 18, 19, 22, 23, 24, 26 (e-g), 28, 29, 33, 36, 43 (a-c), 47, 52, 54 (d, e, g, h), 55, 56 (bottom), 62 (c, h, i), 63, 64, 65, 66 (top right), 70 (a, b, g-j), 73, 77 (bottom), 78, 79, 81, 83 (top left, middle, bottom), 84, 86, 87, 89, 90 (c, g, j), 98, 102, 104 (portraits), 106 (top), 115, 117, 118, 121, 122, 124 (b, f), 125, 127, 129, 131, 135, 136 (a), 137; Alamy: p 77 (bottom right), Andre Jenny p 110 (c), archiveberlin Fotoagentur GmbH p 59 (background) & p 104 (top left), BananaStock p 136 (d), Bernd Mellmann p 3 (background), Cephas Picture Library p 110 (a), David R. Frazier Photolibrary, Inc. p 104 (middle), Dynamic Graphics Group p 27, Foodcollection.com p 62 (f), ImageGap p 110 (b), ImageState Royalty Free p 62 (l), Ingram Publishing p 109, mediacolor's p 136 (b), POPPERPHOTO p 59 (top left), Steven Dusk p 136 (f); Bilderbox pp 26 (a-d, h), 46, 54 (a, c), 62 (d), 70 (c), 90 (a, b, d, e), 95, 96 (c), 104 (bottom), 107 (left, bottom right), 124 (a); Martyn Chillmaid pp 62 (j), 82; Corbis pp 41 (top, background), 54 (b, i), 56 (inset), 59 (bottom left, middle, top right), 66 (bottom), 90 (h), 96 (a), 105, 106 (middle), 110 (d), 113 (top), 124 (c, e); Corel 465 (NT) pp 62 (g), 70 (d); Corel 550 (NT) pp 96 (b), 136 (c); Corel 577 (NT) p 136 (e); Corel 590 (NT) p 70 (f); Corel 800 (NT) p 62 (b); Digital Vision 17 (NT) p 62 (e); Digital Vision EP (NT) p 104 (top right); Getty pp 3 (insets), 37, 41 (bottom left), 77 (left, top middle), 90 (f), 113 (left); www.heidepark.de p 96 (d); Ingram ILV2 CD5 (NT) p 62 (e); Isolde Ohlbaum, ohlbaum.de p 41 (2nd from top); Photodisc 14B (NT) p 77 (top right); Photodisc 16 (NT) p 83 (top right); Photodisc 67 (NT) pp 62 (k), 124 (d); travel-ink.co.uk p 107 (top right).

Recorded by Nordqvist Productions.

Every effort has been made to trace all copyright holders, but where this has not been possible the publisher will be pleased to make the necessary arrangements at the first opportunity.